EXCLUSIVO PARA TI

Club de Amigos de
Miguel Ángel Segura en WhatsApp

«Vídeos, audios, conferencias, contenidos extra de los libros, novedades, promociones, etc».

Para preservar tu privacidad hemos creado lo que se conoce como «Lista de Difusión». Los contenidos que te enviemos los recibirás de forma privada, nadie más tendrá tu número de teléfono ni recibirás notificaciones de otros.

PASOS A SEGUIR PARA UNIRTE A LA LISTA

1) Guarda el número **698 95 17 21** en la agenda de tu teléfono. Si no lo haces no podrás recibir nuestros WhatsApp desde la lista de difusión.

2) Una vez guardado el número en la agenda de tu teléfono, envíanos un WhatsApp al 698 95 17 21, diciéndome tu nombre y solicitando unirte a la lista de difusión.

Si pasado un plazo de 48 horas no has recibido un mensaje de confirmación, por favor, vuelve a escribirnos.

INVESTIGACIÓN EN EL HOSPITAL DEL TÓRAX

Miguel Ángel Segura

Novena edición: Junio 2017

©Todos los derechos de edición reservados.

Autor: Miguel Ángel Segura.

Colección: Investigación.

Maquetación: ©Miguel Ángel Segura.

Diseño de cubierta: ©Miguel Ángel Segura.

Imagen de portada: Fotolia.

IMPRESIÓN: Safekat.

IMPRESO EN ESPAÑA

AGRADECIMIENTOS

En primer lugar quiero dar las gracias a todas esas personas que me siguen y reconocen mi labor dentro del periodismo de misterio y de investigación. Sin ellos seguramente jamás habría tenido fuerzas para investigar durante cuatro años el Hospital del Tórax y, por consiguiente, este libro nunca habría salido a la luz.

A los programas Cuarto Milenio, Callejeros, Comando Actualidad y la productora Visual-Beast, por divulgar mis investigaciones en este lugar tan especial, recalcando especialmente al director de Visual-Beast, José Moral, por cederme las fotografías profesionales que tienen en este libro. Mención especial para Juan de la Cruz López González, de la web http://abandonalia.blogspot.com por el detalle de dejarnos utilizar una de sus fotos como portada del libro.

También me quiero acordar de todas aquellas personas que han sido una parte fundamental de las investigaciones en el hospital: Fran Recio, José Colomé, Fran Córcoles, Toni García, Carlos Carrasco y muchos más, a los cuales sería imposible nombrar uno a uno.

Por último, quiero agradecer a la persona que más me ha brindado su apoyo siempre que lo he necesitado, alguien que siempre creyó en mí, que nunca tuvo dudas de que yo tenía algo especial y que mi camino sería este. Me refiero mi primo Javi Aguilera Ceballos, mi conseller, a quien siempre pido consejo.

Todos formáis parte de este libro, gracias.

¿QUÉ ES EL HOSPITAL DEL TÓRAX?

En el siglo XX en España se construyeron numerosos hospitales, sanatorios y preventorios; la mayoría para acoger a enfermos de tuberculosis, una enfermedad que hacía poner el grito en cielo en aquella época. Aunque a las pocas décadas de la construcción de estos centros sanitarios, algunos incluso pequeñas ciudades dedicadas al tratamiento y curación de enfermos de tuberculosis; como es el ejemplo del propio Hospital del Tórax de Terrassa, conocido anteriormente como Sanatorio Antituberculoso de Terrassa.

La enfermedad comenzó a erradicarse con nuevos fármacos y vacunas, llegando la mayoría de estos hospitales a quedar abandonados y en desuso, aunque algunos fueron reutilizados para ejercer otras labores, como orfanatos, centros psiquiátricos, albergues, etc. Pero algunos, como el Hospital del Tórax, sufrieron un repentino desalojo conservando en su interior, más de treinta años después, aparte del mobiliario, efectos del centro tan íntimos y privados como miles de muestras de sangre o, incluso, restos humanos, por no hablar de leyendas o rumores. Yo mismo he podido verlos y fotografiarlos en diferentes ocasiones.

No cabe duda de que fueron unos años que marcaron a España. Fueron muchas las muertes que asolaron esos centros de salud y algunos los suicidios que contemplaron sus muros, ya que los enfermos se veían sin salida, atrapados por la muerte próxima, y el extremo sufrimiento causado por la enfermedad les hacía padecer de forma agresiva situaciones de mucha desesperación, por lo que algunos de ellos optaron por la extrema decisión del suicidio.

También, en esa época de posguerra donde el franquismo quería por todos los medios controlar la situación del país, se rumoreó sobre cuestiones poco legales llevadas a cabo dentro de esos centros sanitarios: como la posibilidad de que algunos de ellos fuesen centros camuflados de investigación y experimentación ilegal con enfermos o huérfanos.

La realidad es que esto solo son rumores que asolan el entorno de algunos de estos edificios o que brotan de los comentarios de determinadas personas que pasaron una época en esos centros, aunque en ocasiones esos rumores vienen acompañados de testimonios e impresiones para nada subjetivas que nos hacen valorar esas leyendas como una posibilidad.

El lugar más polémico con respecto a estos supuestos experimentos ilegales lo encontramos precisamente en el Hospital del Tórax de Terrassa, aunque les tengo que decir que yo tuve a un familiar cercano ingresado allí y desconocía esos rumores. Ha sido a raíz de comenzar, en años posteriores, mis investigaciones, cuando éstos han surgido por parte de numerosas personas, quizás más de las que usted se pueda estar imaginando ahora mismo.

Además, existen datos muy claros y contundentes que demuestran que el Sanatorio Antituberculoso, que era como se denominaba este centro antes de ser el Hospital del Tórax, fue uno de los centros sanitarios más populares del mundo a nivel de investigación. Incluso, como reseña, les podría decir que el primer trasplante de corazón en España se realizó con un ratón en el Hospital del Tórax de Terrassa. Además, albergó varios congresos médicos de suma importancia a nivel mundial. Pero esto no es todo, como veremos en el libro ocurren cosas muy extrañas que no quiero desvelarles todavía. Sólo les adelantaré algo: durante los últimos años de vida del Hospital, el número de pacientes internados decreció hasta en un 80%. Sin embargo, el número de profesionales de la medicina aumentó más del doble. Esto parece no tener sentido, ¿verdad?

Otra cuestión importante que estudiaremos a conciencia es saber por qué se dio como oficial que los suicidios se producían desde la planta número nueve del hospital, cuando en realidad, según papeles oficiales que pude rescatar en los archivos comarcales de Terrassa, consta que esa planta era de uso exclusivo para la congregación religiosa de las Carmelitas Descalzas, ¿por qué estas contradicciones? ¿Se pretende ocultar algo o disfrazar la realidad? Lo cierto es que existen muchas más cuestiones que nos pueden hacer plantear una base *conspiranoica* con respecto a todo esto. Como un supuesto túnel subterráneo que va desde el mismo Hospital hasta el viejo cementerio de Terrassa, o los supuestos enterramientos humanos que, según algunos rumores, se encontraron en las obras que se están haciendo en la zona exterior del edificio. Sin dudas, muchas preguntas que responder, y quizá como a veces ocurre, algunas de esas cuestiones solo sean rumores o leyendas sin fundamento, aunque quizá otras no. Ahora toca aportar datos, documentos y testimonios para que juntos intentemos descubrir la verdad en esta investigación que acaba de comenzar.

13

INVESTIGACIÓN EN EL HOSPITAL

E l Hospital del Tórax de Terrassa es el lugar más encantado de España en el Siglo XXI, junto al Fuerte de San Cristóbal, y además es uno de los más significativos del mundo. Tenemos que tener en cuenta que sólo la superficie del edificio ocupa, entre las nueve plantas, 66.000 m^2; a lo que se suma que en el exterior tiene zonas que pertenecen al propio Hospital como casas, jardines o una Capilla. Lo imposible se ha manifestado en todos y cada uno de sus rincones, siendo cientos y cientos de personas testigos de sucesos tan absurdos como reales.

Yo, personalmente, he recibido en tres años cientos de experiencias de personas que se han adentrado en sus muros y han palpado el misterio con sus dedos, algunos de ellos asegurando que jamás volverán a pisar ese lugar debido al terror que han vivido en sus carnes al ser testigos de todo tipo de fenómenos paranormales; pero otros, quizás más curtidos en el ámbito de la investigación, quieren volver para presenciar nuevamente lo que llevaban años esperando encontrar, y que gracias a ese lugar pudieron conseguirlo en su día.

En el antiguo centro hospitalario se está construyendo el Parque Audiovisual de Cataluña, que será uno de los más grandes de Europa. A día de hoy el Hospital está intacto, tal cual quedó abandonado en su mayor parte, pero en el exterior hay varios platós que trabajan desde hace meses, además de almacenes o una filmoteca.

En el entorno del Hospital o en el propio edificio se han rodado muchas películas, series, anuncios publicitarios o programas de televisión. En los primeros seis meses del año 2008 se han grabado más de cuarenta proyectos entre los platós, la Capilla, las casas y el edificio de 66.000m^2, aunque desde hace años ese entorno ha sido el escenario de muchas películas: la mayoría de terror.

Algunos actores, directores de cine y miembros de los equipos de rodaje han vivido situaciones de auténtico terror durante su estancia en ese edificio maldito, pero además se han encontrado con sucesos inexplicables de efectos físicos en las cintas que habían grabado, teniendo que volver a desplazar todo el equipo técnico, logístico y físico de personas al viejo hospital para grabar de nuevo, ya que las imágenes inexplicablemente se habían borrado de las cintas o, incluso, en ellas habían aparecido cosas que no deberían haberse grabado. Además, han tenido muchos problemas con los aparatos electrónicos y las baterías, que dejaban de funcionar de forma incomprensible. Este suceso ya se comentaba cuando el Hospital estaba en pleno funcionamiento en la década de los sesenta y los setenta: los aparatos electrónicos no funcionaban correctamente y las luces se apagaban y se encendían solas en determinadas zonas. Además, la hija de una exempleada que trabajaba en la cocina, me aseguró que su madre le dijo en varias ocasiones que los grifos se abrían y se cerraban solos.

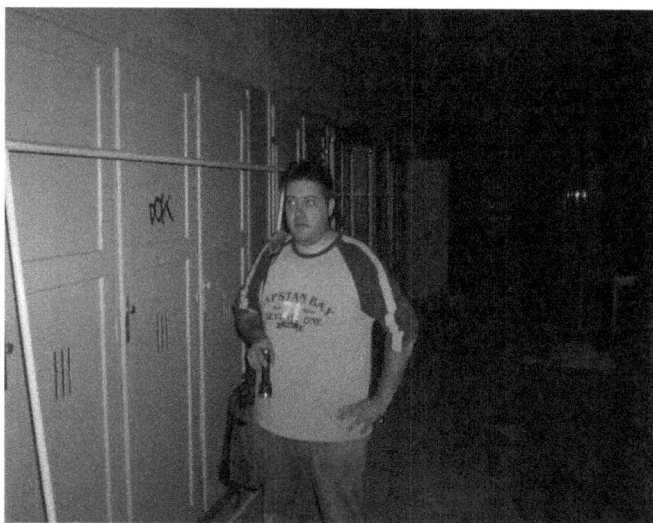

Nos encontramos con un lugar que no escatima a la hora de seleccionar a su "víctima". Por lo tanto, si decide visitar el lugar, usted puede ser la próxima persona que pueda aportar otro testimonio.

Ahora le invito nuevamente a que se adentre conmigo en el lugar más misterioso, más grande y con más tramas ocultas de España, junto con el Fuerte San Cristóbal. Nos adentramos ya en el "hospital maldito de Terrassa". La verdad es que yo acudí por primera vez al Hospital del Tórax en mayo del año 2005. Me acerqué hasta ese majestuoso edificio en busca de ratificar que todos los comentarios que hablaban de fenómenos paranormales eran simples rumores o leyendas. Sin embargo, no tardé mucho tiempo en darme cuenta que estaba equivocado.

En los primeros seis meses pude constatar fenómenos más comunes y repetitivos, pero a partir de los siguientes fueron demasiado frecuentes en mis constantes investigaciones de campo.

Cambios bruscos de temperatura y humedad.

Este fenómeno se denomina técnicamente, dentro de la Parapsicología, termogénesis. Su manifestación es de origen desconocido e inexplicable, y provoca cambios bruscos en la temperatura o humedad ambiental, pero también ocurre en algunas ocasiones en la temperatura corporal, aunque suele ser bastante menos frecuente. Una de las teorías más barajadas en cuanto al posible origen de éste fenómeno, es que la causa paranormal necesita absorber una determinada energía para poder manifestarse.

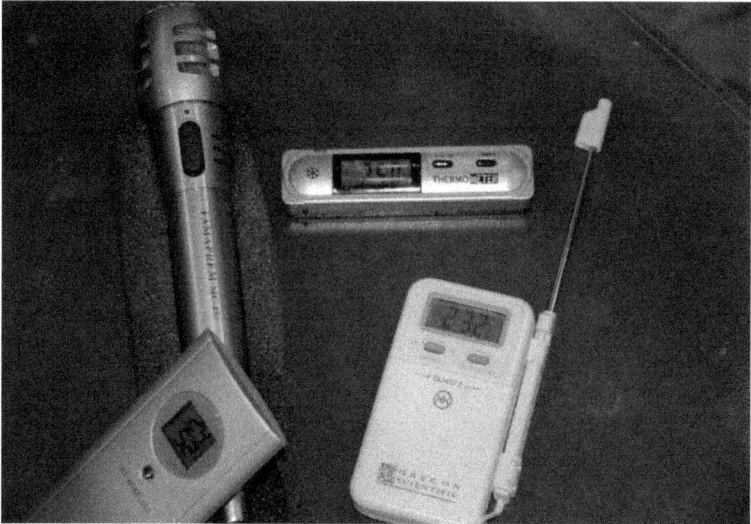

Esta hipótesis no aparece de la nada, ya que a lo largo de los años, los investigadores y parapsicólogos han llegado a descubrir, a base de estudios y experimentos, que en la mayoría de ocasiones, cuando ocurre algo paranormal existe un cambio brusco de la temperatura ambiente o de la humedad, incluso, en algunas ocasiones, alguno de los presentes se llega a sentir mareo o fatiga, como si acabara de realizar un esfuerzo importante y se quedara sin energía; por lo cual, después de conocerse esta estrecha relación entre los cambios bruscos de temperatura y las manifestaciones de carácter insólito, la mayoría de expertos en el campo de lo paranormal barajan ésta teoría como una de las más probables.

Sin embargo, tengo que advertirles de que popularmente se ha ligado este fenómeno solamente al descenso de la temperatura, ya que ésta teoría viene a explicar que la causa paranormal absorbe una determinada energía para poder manifestarse, por lo cual la temperatura baja debido a esa absorción calorífica que sufre por parte de la causa paranormal, pero ¿qué ocurre cuando la temperatura en vez de bajar, asciende? Una pregunta que vendría a tirar por tierra, aparentemente, la teoría expuesta con anterioridad.

Sin embargo les diré que no es así, ya que cuando la termogénesis se manifiesta en forma de descenso de temperatura, normalmente las personas que están en el lugar notan esa sensación de frío o de descenso de la temperatura; sin embargo, cuando la termogénesis se manifiesta en forma de ascenso de la temperatura, los presentes no suelen percibir ningún cambio de temperatura notable. Por lo cual, lo que estaría sucediendo es que la causa paranormal no está inyectando o aportando energía calorífica en esa zona donde se produce la supuesta termogénesis, sino que está manipulando nuestros medidores ambientales, igual que manipula otro tipo de aparatos.

Yo he llegado a registrar ascensos de temperatura de incluso 16° en menos de media hora, y ninguno de los presentes notamos ese aumento de calor, lo que vendría a corroborar la teoría que acabo de comentar. Por lo tanto, los ascensos de temperatura no serían en realidad una termogénesis, ya que la temperatura no varía, es nuestro termómetro el que marca unos grados que no son reales, estaríamos por lo tanto ante un fenómeno de efecto físico, donde la causa paranormal es capaz de manipular nuestra tecnología de una forma que no llegamos a comprender.

Descarga de baterías.

Para realizar un estudio sobre este fenómeno lo principal es valorar el comportamiento de nuestros aparatos electrónicos y nuestras baterías a lo largo de estos años, dentro de los lugares que hemos visitado donde se ha podido corroborar una actividad paranormal.

En muchas ocasiones, tanto en ese mismo entorno del Hospital como otros muchos enclaves que hemos visitado, nos han ocurrido situaciones similares donde las baterías nuevas que teníamos de reserva, al ponerlas en nuestros aparatos, han tenido una duración muy inferior a la habitual. O situaciones como por ejemplo la que vivimos con la cámara de Fran Recio en la Capilla del Hospital del Tórax, cuando solo funcionó unos segundos (después de realizar cinco fotografías terminó agotándose por completo). O lo ocurrido a José Colomé: una extraña fuerza retuvo su cámara y no le dejaba realizar fotografías. Eso mismo le ocurrió, como veremos más adelante, al reportero de Cuarto Milenio, Juanje Vallejo, mientras intentaba fotografiar el pentagrama que había en el suelo del altar de la Capilla del Hospital del Tórax.

Julio Puyo tuvo una experiencia similar en el pueblo viejo de Belchite, pero en esta ocasión la absorción se producía en todo el territorio que abarca el interior de la iglesia de San Agustín, hasta tal punto que el obturador de la cámara se le quedó abierto en el interior de la Iglesia mientras la batería se agotó. Al salir de la iglesia, los compañeros escucharon un sonido extraño que provenía de la mochila de Julio. Cuando la abrieron, la sorpresa fue mayúscula: la cámara había vuelto a recuperar la batería y el sonido que habían escuchado era el del obturador cerrándose.

Las baterías de las cámaras de vídeo también han sufrido un sinfín de anomalías que tienen que ver con la descarga de las baterías, igual que las linternas o los focos que se utilizan en este tipo de lugares para iluminar el punto concreto que vas a investigar.

En determinadas ocasiones, las cámaras fotográficas llegan a recuperarse, en muchos casos, de forma aparentemente íntegra aunque posteriormente uno se da cuenta de que la duración en realidad es inferior a la normal, por mucho que el indicador de batería nos marque al encenderla que está al máximo de carga.

Mi pregunta ante este tipo de situaciones de lo más inverosímil, es obvia: ¿por qué ocurre esto? Lo cierto es que la teoría que voy a plantear a continuación, está fundada en un largo análisis y una profunda reflexión después de analizar todos y cada uno de estos fenómenos de forma independiente.

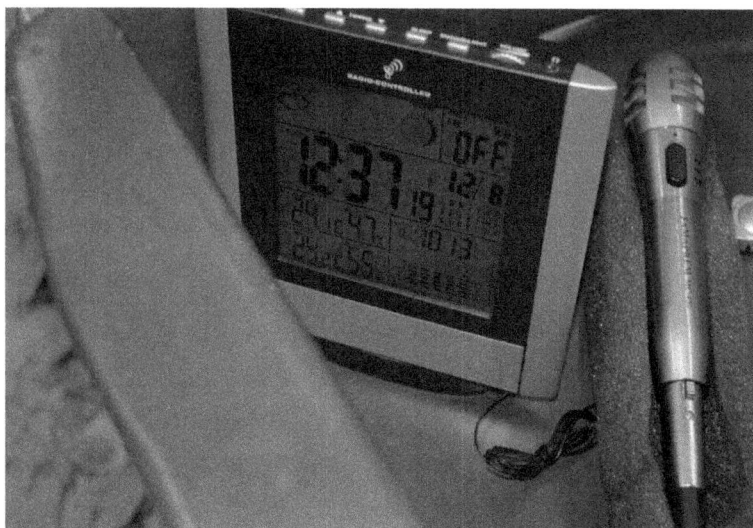

Mi teoría viene a decir que la causa paranormal absorbe la energía de nuestras baterías para poder manifestarse, hecho que también ocurre y está probado desde hace años.

Además, la causa paranormal se alimentaría de esa energía para subsistir. Igual que el ser humano ingiere alimentos, la causa extraordinaria ingiere diferentes tipos de energía para alimentarse y seguir activa.

Tenemos que tener en cuenta que en muchas ocasiones sufrimos descarga de baterías en ese tipo de lugares sin presenciar fenómenos extraordinarios, o incluso notamos un cansancio extremo, como si nuestra energía se consumiera de forma inexplicable, sin que lo paranormal aparentemente se manifieste.

La causa paranormal, dependiendo de su potencial o de su consistencia, absorbe en mayor o menor grado la energía de nuestras baterías. Incluso el campo territorial que abarca para "instalarse" y desde ahí poder absorber energía varía de igual modo dependiendo de su potencia o consistencia. Por ejemplo, cuando sufrimos solo absorción de energía en un punto concreto de 20 cm^2, como ocurrió en el caso del MiniDisc de Fran Recio. La causa paranormal de ese lugar no es muy potente en comparación a la que estaba ubicada en la iglesia de San Agustín de Belchite cuando Julio sufrió la descarga de su cámara fotográfica, ya que abarcaba todo un recinto entero de 100 m^2; o como en esas ocasiones en las que la cámara fotográfica del amigo de Francisco no funcionaba dentro de los 66.000 m^2 de edificio que constituyen el Hospital del Tórax, teniendo que salir fuera y alejarse varios metros para que la cámara volviera a funcionar correctamente.

En los casos en los que nos encontramos con determinados puntos pequeños dentro de una estancia, como lo ocurrido a Javier Aguilera y Raquel, donde se produce esta absorción energética, es porque existen varias causas paranormales ubicadas en ese lugar, las cuales se dedican a absorber la energía de nuestras baterías.

La causa, por norma general, se encuentra en determinadas zonas permaneciendo estática, siendo nuestro paso por el lugar, la causa que activa que "ellos" comiencen a alimentarse de nuestras baterías, y al salir de la estancia donde están ubicados en esos instantes, nuestras baterías vuelven a funcionar correctamente, recuperando así la energía. Por lo menos en parte; a no ser, claro está, que hayamos estado mucho tiempo en ese lugar o que la fuente que absorbe nuestra energía sea de grandes dimensiones y termine consumiendo nuestra batería hasta agotarla por completo.

Sensación de estar acompañado, observado, vigilado, incomodidad, intranquilidad...

El fenómeno de las sensaciones suele ser un tema bastante escabroso, ya que visto desde fuera, puede parecer producto de la propia sugestión. Sin embargo, las personas que han experimentado este fenómeno, que son la mayoría que han visitado el hospital, saben perfectamente que esa sensación nada tiene que ver con lo conocido hasta entonces por ellos. Jamás habían percibido nada igual. Sin embargo, sí que habían sentido en algunas ocasiones la sensación de sugestión, ya que suelen ser personas acostumbradas a visitar lugares abandonados y tétricos, debido a su gran pasión por el misterio, o movidos por la simple curiosidad.

Pero indiferentemente de eso, todos coinciden en que esa sensación nada tiene que ver con la sugestión. Por lo tanto, podemos creer como algo muy probable que esa sensación de estar acompañado por presencias invisibles a nuestros ojos, o sentirnos observados desde no sabemos dónde, puede ser claramente un fenómeno ligado a la causa paranormal, aunque a día de hoy sigue siendo algo muy subjetivo y no podemos demostrarlo. Pero como suelo decir siempre: la mayor prueba posible es nuestra propia experiencia.

Escuchar pasos y actividad de gente sin que haya nadie.

Este tipo de fenómenos se denominan mimofonías (dentro de la Parapsicología) y están encuadrados dentro de la clariaudiencia.

Una mimofonía es la imitación de un sonido por parte de la causa paranormal, es decir, que genera la imitación de un sonido que en realidad no se produce. Lo más comunes suelen ser ruidos: golpes, el caer de los cacharros de cocina, pasos, murmullos, etc.

En determinadas ocasiones, estos sonidos solo son percibidos por algunas de las personas presentes, por lo que entraríamos dentro del fenómeno de la clariaudiencia, es decir, la percepción extrasensorial de un sonido supuestamente provocado por otra realidad que desconocemos. Yo, personalmente, he sido testigo de mimofonías en determinados lugares mientras otros compañeros no se han percatado de nada y viceversa, como nos ocurrió en la alerta psicofónica con Sexta Dimensión, en el pueblo viejo de Belchite, donde Tere R. y Toni García, escucharon una voz que decía *"hola"* y una llamada de atención respectivamente, mientras que el resto de compañeros no escuchamos nada.

Portazos y golpes de ventanas que se suceden cuando no estás mirando.

Este tipo de sucesos suele manifestarse en el Hospital del Tórax, aunque no suele ser de los más frecuentes, por lo menos aparentemente; ya que la mayoría de días sopla un viento bastante virulento que puede ser el causante de estos portazos y ventanazos.

Sin embargo, en varias ocasiones, tanto algunos testigos como nosotros mismos hemos presenciado esos golpetazos sin que corriese ni siquiera una pequeña brisa; por lo cual, las posibilidades de que detrás del fenómeno esté nuevamente la causa paranormal, se incrementan bastante. De hecho, nosotros no tenemos duda de ello, ya que hemos vivido esos fenómenos en diversas ocasiones.

Las preguntas que nos asaltan ahora son cómo actúa esa causa de origen desconocido para manifestarse de esa forma y por qué lo hace. Lo cierto es que hipótesis podríamos valorar muchas, pero después de la experiencia que viví una noche en la que me adentré en solitario en el viejo Hospital del Tórax a eso de las cuatro y media de la madrugada, hizo que todas se me derrumbaran; ya que fue una hora y media de auténtica tensión y miedo la que viví allí, donde los portazos y los golpes me acompañaron todo el rato, sucediéndose siempre ante mis ojos, indiferentemente de qué pasillo, habitación o planta eligiera para continuar mi camino, lo cual descartó por completo que fuesen intrusos que me quisieran gastar una broma, ya que siempre elegía yo el camino a seguir y los golpes siempre se producían delante de mí, no detrás, descartando esa teoría.

Sombras espectrales deambulando por el edificio.

Este fenómeno suele ser otro de los típicos que ocurren en los lugares donde habita lo inexplicable. En el hospital del Tórax hay muchos testigos fiables que aseguran haberse topado con sombras y siluetas fantasmales, incluso, una de esas sombras quedó registrada en la cámara de vídeo de mi móvil mientras probaba la calidad de grabación, ya que me lo había comprado ese mismo día.

También, como iremos conociendo más adelante, hay personas como José Colomé que aseguran haber visto la silueta de una monja;

o el extraño testimonio de un testigo que vio a una mujer por los aledaños del Hospital con un largo camisón blanco, que le saludó, pero al girarse extrañado por la escena, ya no había nadie.

Dentro de las apariciones tenemos dos tipos de fenómenos, la fantasmogénesis y la espectrogénesis. La primera de ellas, sería la aparición de una persona supuestamente fallecida, que se muestra inteligente ante nosotros o que se percata de nuestra presencia, llegando incluso a interactuar con nosotros; mientras que un espectro sería una aparición que se muestra totalmente ajena a nosotros y a nuestro entorno, como si se tratase de un holograma o un eco del pasado. Yo siempre lo comparo con las filmaciones de vídeo, como si rescatáramos parte de una película que grabamos en el pasado y la reprodujéramos en el presente.

En el viejo Hospital se han producido ambos tipos de apariciones, aunque nosotros personalmente solo hemos sido testigos de sombras espectrales.

Contacto físico por parte de algo invisible. Son muchos los testimonios que también aseguran haber experimentado un contacto físico por parte de algo invisible, prueba de ello es el testimonio del compañero de Guti, al que le tiraron de la camiseta sin que hubiese nadie en esa zona.

Pero han sido muchos más los sucesos vividos por diferentes personas, las cuales aseguran haber tenido ese contacto físico con algo que no fueron capaces de ver. Incluso yo mismo, en varias ocasiones, pude notar cómo una fuerza física me tocaba; además de la experiencia que tuve en la primera planta, donde una sombra negra se me echó literalmente encima. Este tipo de fenómenos estarían ubicados dentro de los de efecto físico, ya que la causa paranormal es capaz de manifestarse según las leyes físicas de nuestro mundo.

Esto no suele ser habitual, ya que éste tipo de fenómenos es difícil de presenciar. Sin embargo, el Hospital del Tórax nuevamente hace alarde de su gran actividad paranormal, dejándonos numerosos fenómenos paranormales de efecto físico.

Obtención de psicofonías impresionantes, claras, fuertes e inteligentes.

Si todos los fenómenos a los que nos enfrentamos en el viejo hospital son de una tremenda contundencia, las estremecedoras e impresionantes psicofonías que se registran en ese lugar lo son aún más. Actualmente, son más de mil los registros de voces de origen desconocido que se han captado en el hospital.

La causa paranormal nos demuestra claramente que tiene una indiscutible inteligencia. Además, manifiesta de forma evidente cuestiones tan importantes como la capacidad que tiene para conocernos, tanto a nosotros como a nuestro entorno. También nos demuestra que nos escucha, nos entiende, sabe cuándo estamos presentes y cuándo no; incluso, en determinadas ocasiones, además de vernos y escucharnos, parece intuir lo que pensamos.

Sin duda, estamos ante el fenómeno más importante que se manifiesta en el hospital del Tórax, junto con las mimofonías, aunque más adelante podremos ver, cuando nos adentremos de lleno en la investigación, como se suman otros fenómenos muy interesantes.

Después de esos primeros meses de investigación y larga reflexión, comenzamos una amplia documentación sobre la historia del Hospital del Tórax. Todo comenzó en los archivos comarcales de Terrassa, que se encuentran en la calle Pantano, justo al lado de la Policía Municipal.

INVESTIGACIÓN DOCUMENTAL

Desde el año 1944 se barajó la posibilidad de construir una pequeña ciudad hospitalaria para la lucha antituberculosa a las afueras de Terrassa, concretamente en una zona de montaña, donde se respirase aire puro. Para ello, el Ayuntamiento y otras organizaciones competentes adquirieron una zona de campo llena de viñas para realizar ahí su construcción.

El día 16 de enero de 1946 se dio como oficial el comienzo de las obras, aunque a finales de 1945 ya se había iniciado el proyecto.

El arquitecto de la obra fue Mariano Morán y Fernández-Ca-ñedo (T. 1924), siendo la empresa constructora I.C. Sala Amat S.A.

El edificio contaba con catorce zonas de hospitalización, divididas en dos alas laterales que contenían un total de mil ochenta camas que tuvieron un coste de sesenta mil pesetas de la época. Además, la ciudad sanitaria estaba muy bien equipada, ya que los futuros pacientes deberían vivir como internos, para lo que contaba con una capilla, una biblioteca, una sala de actos, un cine, una radio interna y un economato, entre otras estancias.

El lugar era de enormes dimensiones, siendo la superficie del Hospital de 107.057 m^2.

Descripción del edificio.

El edificio público de carácter sanitario era, como hemos podido comprobar, de grandes dimensiones. Constaba de nueve plantas, teniendo una capacidad para un total de mil doscientas camas.

En la parte posterior del edificio nos encontramos con la capilla, junto con dos casas que eran utilizadas por los trabajadores del Hospital: una para hombres y otra para mujeres. En el centro, entre el edificio y la capilla, está ubicado el jardín que pocos años después de su creación adoptaría el nombre de "la jungla".

La superficie edificada del Hospital era de 3.148 m^2, la altura máxima de 44 m, la longitud máxima de 223 m y su anchura, también máxima, de 97 m.

También contaba con locales para servicios complementarios en algunas zonas externas y en el propio edificio.

Exterior: garaje, iglesia, basurero.

Planta 1: calderas, almacenes, etc.

Planta 2: cocina, despensa, almacenes, etc.

Planta 3: conserjería, oficinas, etc.

Planta 4: cirugía, servicios médicos, etc.

Planta 5: servicios médicos, laboratorios, farmacia, rayos x, etc.

Plantas 6, 7 y 8: vestuarios del personal.

Planta 9: Zona exclusiva desde el año en que se inauguró, 1952, hasta el año 1972, donde vivía la congregación religiosa de las Carmelitas Descalzas. A partir del año 72 quedó abandonado.

Plantas 2 a planta 8: en estas plantas además había salas de curas, *office* y comedores.

Otros datos de interés.

La superficie de cultivo en los terrenos del Sanatorio Antituberculoso era de 61.836 m^2, la superficie de bosque de 25.580 m^2 y la superficie de torrente de 19.081 m^2.

El Sanatorio se inauguró el 8 de junio de 1.952, asistiendo personalidades como el general Francisco Franco, José Antonio Palanca (Director General de Sanidad) y Pere Matalonga, Alcalde de la ciudad de Terrassa.

35

Durante los primeros años de vida del Hospital, la figura del Director del centro no existía, estaba dirigido por el Delegado Provincial de Sanidad, cargos que ocuparon de forma sucesiva: José Serra Iniestal (1952), Enrique Bardají López (1953), Joaquín Martínez Borso (1954) y Federico Bravo Morante (1955). Más tarde, el Delegado Provincial desapareció y dejó paso al mandato por parte de la figura del Director.

Para ingresar en el Sanatorio de Terrassa era necesaria una orden firmada por los miembros competentes del Patronato Nacional Antituberculoso "P.N.A." que disponía de varias oficinas en diferentes capitales de provincia o, si no, un documento correctamente firmado y sellado por la Jefatura de Sanidad. En caso contrario, la admisión era denegada.

La mayoría de internos y pacientes provenían de Cataluña y de otras comunidades españolas: sobre todo de Aragón, Islas Canarias y País Vasco, siendo el tiempo medio de estancia de un año.

La tuberculosis era un enfermedad delicada de tratar, porque los pacientes sufrían mucho. Debido a esto, y según la versión oficial, los internos tenían permisos para salir a pasear por los alrededores del Hospital, incluso en ocasiones se acercaban hasta la ciudad de Terrassa, creando un aire de tensión por aquellos lugares donde pasaban y por los bares que solían frecuentar, llegando muchos ciudadanos a presentar quejas verbales y escritas.

Hay que tener en cuenta que por aquella época se consideraba una enfermedad contagiosa la que sufrían estos enfermos.

La congregación religiosa de las Carmelitas Descalzas ofrecía una excelente labor en el Sanatorio, ya que además de dar consuelo religioso a los internos, ejercían como enfermeras y daban apoyo al resto de trabajadores. La planta número nueve, la última de todas, fue habilitada exclusivamente para el uso de las monjas de esta congregación, quienes vivían allí y disfrutaban de esa planta para ellas solas.

En el año 1972, tres años antes de que desapareciera el Sanatorio y se reformara para pasar a convertirse en el Hospital del Tórax, la congregación religiosa de las Carmelitas Descalzas abandonó el sanatorio y la labor que ejercían en él. Entonces, la dirección del Sanatorio contrató a empleados como Auxiliares de Enfermería, hecho que desencadenó varios altercados, ya que no estaban titulados y les exigían ciertas tareas para las cuales no habían sido contratados. Además, por esos años fueron diversas las disputas y discusiones entre los empleados del Sanatorio y la Dirección del propio centro.

Según los expertos y entendidos de la época, el Sanatorio quedó desfasado desde sus inicios, ya que los afectados de tuberculosis cada vez eran menos y el centro básicamente estaba equipado para combatir ésta enfermedad en exclusiva.

Según varios informes que pude rescatar de los archivos, en los años cincuenta se habían descubierto nuevos fármacos que acortaban el tratamiento de la tuberculosis; sin embargo, el Sanatorio contaba con una larga lista de espera para ingresar, incluso en los años setenta. Aunque como apunte habría que resaltar que la mayoría de hospitales que trataban esta enfermedad reconocieron que gracias a esos fármacos ya no era necesario ingresar a los enfermos para hacerles seguir el tratamiento, pues podían hacerlo desde sus propios hogares.

Esto influyó de forma decisiva para que la mayoría de centros cerraran sus puertas al público o que reformaran el centro sanitario para albergar otro tipo de enfermos, como fue el caso del Sanatorio de Terrassa, que en el año 1975 se gastó ciento cincuenta millones de las antiguas pesetas en reformar el centro sanitario, aunque como apunte significativo les diré que tres años después de su reforma, en 1978, el 80% de sus internos todavía eran enfermos de tuberculosis.

A pesar de esta gran inversión económica, en el año 1987 cerró sus puertas casi definitivamente, ya que dejó de tener pacientes internos y sólo permanecían unas zonas abiertas para realizar consultas externas y determinadas pruebas médicas.

Otra de las facetas que se desconocen sobre el Hospital es que en los años setenta adquirió un importantísimo nivel científico. El doctor Caralp realizó en el Hospital del Tórax los primeros trasplantes de corazón con animales, concretamente con ratones. Un acontecimiento que colocó al Hospital del Tórax de Terrassa como uno de los centros sanitario de investigación científica más importantes del mundo.

Durante los años setenta y ochenta, el hospital tuvo un gran reconocimiento social. Se presentaron numerosos trabajos de investigación en congresos nacionales e internacionales. Además, sus médicos fueron requeridos para participar en las más importantes reuniones científicas a nivel de la investigación médica. También se impartieron cursos de técnicas y aplicaciones broncoscópicas, con la asistencia de los mejores médicos nacionales y extranjeros.

En diciembre de 1976, el Ministerio de Educación aceptó una propuesta realizada por la Dirección del Hospital del Tórax, para crear una escuela universitaria de Enfermería asociada a la Facultad de Medicina de Barcelona.

Un año después, el Hospital sirvió como sede de una sinopsis internacional para valorar el tratamiento de curación de la tuberculosis, en la que participaron especialistas de todo el mundo, incluso la Unión Internacional Contra la Tuberculosis (UICT). Ese mismo año, el Hospital recibió la categoría de hospital docente en la especialidad de aparatos respiratorios.

En el año 1970, el "P.N.A." desapareció como organismo y el sanatorio fue transferido a la Administración Institucional de la Sanidad Nacional, para pasar en 1980 a la Consejería de Sanidad de la Generalitat de Cataluña.

En 1990, la Generalitat de Cataluña y el Ayuntamiento

de Terrassa comenzaron un enfrentamiento legal por la titularidad del Hospital del Tórax, la cual terminó en el año 2002, cuando la justicia dio la razón al Ayuntamiento de Terrassa con la condición de que abonara a la Institución Catalana de Servicios Sociales (ICASS) los gastos por habilitar 3.400 m^2 en una residencia para disminuidos psíquicos fundada en 1991 y gestionada por la fundación Vallparadís del grupo Mutua Terrassa.

Plantilla de profesionales.

Vamos a ver unos ejemplos sobre la cantidad de empleados con los que contaba el Sanatorio y posteriormente el Hospital del Tórax en diferentes fechas.

Año 1957

Auxiliares enfermería: 29 Médicos: 19 ATS: 15 Resto de personal: 150 Total: 213

Año 1970

Auxiliares de enfermería: 40 Médicos: 26 ATS: 19 Resto de personal: 172 Total: 257

Año 1982

Auxiliares enfermería: 76 Médicos: 40 ATS: 38 Resto personal: 139 Total: 193

Año 1990

Desde el año 1987, el hospital estaba prácticamente cerrado, sólo se realizaban algunas visitas externas y determinados estudios de investigación científica. Auxiliar de en-

41

fermería: 8 Médicos: 16 ATS: 2 Resto personal: 41 Total: 67

Tabla de enfermos hospitalizados

Ahora vamos conocer los datos sobre el número de pacientes que estaban internos en los diferentes años, para poder comprobar que nos encontramos con algo cuanto menos curioso: y es que a medida que se iban reduciendo el número de pacientes que había ingresados en el hospital, con el paso de los años, más médicos y empleados trabajaban en el centro sanitario. No me negaran que es algo que llama poderosamente la atención. Más adelante lo trataremos en profundidad, ya que es una de las cosas llamativas que hacen plantearse a los creadores de las leyendas sobre los experimentos ilegales, que algún tipo de práctica oculta o investigación se realizaba en el centro.

Año 1971

Tuberculosis: 1.082 Pneumonía: 138 Bronconeumonía: 276 Silicosis: 4 Cáncer pulmonar: 27 Otras: 113 Total: 1.640

Año 1977

Tuberculosis: 704 Pneumonía: 151 Bronconeumonía: 409 Silicosis: 1 Cáncer pulmonar: 25 Otras: 93 Total: 1.383

Año 1982

Tuberculosis: 640 Pneumonía: 146 Bronconeumonía: 261 Silicosis: 0 Cáncer pulmonar: 24 Otras: 11 Total: 1.082

Año 1985

42

Tuberculosis: 72 Pneumonía: 38 Bronconeumonía: 40 Silicosis: 0 Cáncer de pulmón: 8 Otros: 0 Total: 158

La vida en el Hospital del Tórax.

La vida en el interior del Hospital para esos enfermos era bastante dura. Quizá por ello tengan un papel crucial en esta investigación, sobre todo porque muchas personas se han preguntado qué movía a los internos de este centro Sanitario a suicidarse de forma tan frecuente. Incluso otra de las preguntas que surgen de forma alarmante es saber por qué los responsables del centro no tomaron medidas de prevención y seguridad para evitar que esto sucediese de forma tan frecuente. La versión popular de que los suicidas se lanzaban al vacío desde la planta número nueve, parece diverger de la realidad.

O por lo menos parte de ella, ya que esa planta novena, como hemos podido comprobar, era de uso exclusivo para la congregación religiosa de las Carmelitas Descalzas, de las que vivían en el hospital unas veinticinco.

Desde los primeros años de vida del Sanatorio se comenzó a forjar una idea, un rumor, que en pocos años hizo que se convirtiera en un lugar temido por todos, donde se comentaba que la gente iba a morir. El Sanatorio, visto desde fuera, era un lugar terrorífico donde nadie quería ir, incluso las leyendas y los rumores sobre suicidios comenzaron a cobrar vida. Además, algunas personas se atrevían a hablar de cuestiones ilegales y de fenómenos extraños como luces que se apagaban y se encendían solas en mitad de la noche, aparatos electrónicos que dejaban de funcionar sin encontrarse una causa aparentemente racional.

Incluso se forjó entre los internos la leyenda de la enfermera de la muerte, a la que describió perfectamente Sebastián Darbó en Cuarto Milenio. A pesar de todo esto, las personas que tenían que vivir día a día en el interior del Hospital preferían hacer caso omiso a ese tipo de cuestiones: bastante tenían con sufrir las dolencias de su enfermedad y la soledad que muchos padecían, ya que la mayoría no podían disfrutar del cariño de sus familiares debido a que muchos provenían de otras Comunidades Autónomas, y en aquella época la economía no permitía a las familias de clase baja y media viajar con demasiada frecuencia a cientos de kilómetros; aunque muchos otros decidían no acudir a visitar a sus familiares de forma voluntaria, por miedo al contagio de la enfermedad, con lo que la mayoría de internos arrastraba una carga demasiado pesada a sus espaldas.

Por un lado, la crueldad de la enfermedad, que en muchos casos era terminal, y por otro la angustiosa y terrible sensación de sentirse solos en momentos extremos donde la depresión creada por la enfermedad les planteaba una sola vía de escape: el suicidio. De hecho, una vez que se sucedieron los primeros suicidios, se creó una especie de ritual macabro donde los futuros suicidas imitarían la forma de suicidarse de sus antecesores. Esto suele ser algo muy común en todo tipo de suicidas, intentan imitar otras formas y estilos de suicidios anteriores.

El sanatorio estaba provisto de zonas ajardinadas, un cine, una capilla, un economato y una biblioteca, con el objetivo de conseguir una mejor y más amena estancia para los internos, pero todo fue en vano. El ímpetu por terminar con el sufrimiento de una vez por todas era imposible de detener con actividades alternativas, algunos enfermos continuaban optando por la trágica elección del suicidio.

Yo mismo pude saber en aquella época que durante los tres meses que mi abuela estuvo ingresada en el Hospital, se suicidaron varias personas.

Como anécdota, y volviendo al día de la inauguración, les puedo decir que como no había demasiados internos, algunos trabajadores se tuvieron que hacer pasar por enfermos para llenar las camas, ya que Francisco Franco quería que en las fotografías saliesen las habitaciones llenas enfermos. Quería dar una imagen del éxito del proyecto a España y al mundo, pero por desgracia con el paso de los años se fue enturbiando con esos suicidios. Y en años posteriores terminó por oscurecerse del todo con la cantidad de leyendas urbanas y conspiraciones que empezaron a emerger de las profundidades del viejo sanatorio.

A lo largo de mis años de investigación he llegado a entrevistar y conocer a diferentes personas que trabajaron en el viejo centro sanitario. La mayoría coincide en lo mismo, que por aquella época el rumor sobre sucesos extraños en el Hospital estaba a la orden del día, pero la mentalidad que existía entonces sobre este tipo de cosas hacía que los testigos estuviesen callados; almacenando sus experiencias en el más absoluto secreto para evitar burlas o rechazo de terceras personas, o de propios compañeros.

Sin embargo, muchos fueron los que se toparon con lo absurdo, sobre todo en relación al mal funcionamiento de los aparatos electrónicos, que por mucho que los revisaran los técnicos, no lograban encontrar el origen de la avería que los hacía fallar con tanta frecuencia. Este hecho me recuerda al testimonio de una empleada de La Pineda, que comentaba exactamente lo mismo. Lo más destacable entre los testimonios de las personas que trabajaron en el sanatorio y la empleada que trabaja actualmente en el centro de disminuidos psíquicos La Pineda, que se encuentra en las plantas una y dos de la zona Oeste, ocupando un 5% del edificio del viejo hospital; es que existe una diferencia de cuarenta años entre ellos. Sin embargo, los fenómenos parecen seguir manifestándose de forma idéntica cuatro décadas después de sus inicios. Muchos años sosteniéndose con consistencia para tratarse de un simple rumor… ¿No creen?

Con respecto a los suicidios, el número de personas que se lanzaron al jardín atentando contra su propia vida, según los rumores, supera la escalofriante cifra de mil personas. Un número digno de cualquier película de terror, por lo que consideramos que quizá se haya exagerado la cifra. Aunque por otro lado, tenemos que tener en cuenta que, oficialmente, el sanatorio tuvo el penoso reconocimiento de ser durante dos décadas, en los sesenta y setenta, el hospital de España con mayor índice de suicidios. Y si a esto sumamos que la vida de este centro sanitario superó los treinta y cinco años, podemos hacer un cálculo que saldría a unos veintiocho suicidios anuales, es decir, una media de 2 suicidios aproximadamente al mes: para ser exactos 2,3. Teniendo en cuenta que mi abuela estuvo ingresada en el Hospital del Tórax una vez que el centro sanitario dejó de tener el índice de suicidios más elevados, aun así se llegaron a producir tres suicidios en tres meses, lo que nos invita a pensar que esa cifra que ronda las mil personas no puede andar muy desencaminada de la realidad, aunque se desconocen realmente cifras oficiales.

La planta nueve

La eterna pregunta, a la que nos enfrentamos ahora, es saber si realmente los suicidios tenían como escenario la planta número nueve, ya que en los archivos pone bien claro que era de uso exclusivo para las Carmelitas Descalzas, y que posteriormente la zona quedó cerrada y abandonada. Bien, además de estos datos oficiales, hemos estado estudiando milimétricamente esa planta número nueve para intentar descifrar la eterna pregunta, y varios años después creemos haberla resuelto. Para ello voy a pasar a describirles minuciosamente, y con todo detalle, esa planta maldita.

El edificio del hospital consta de cinco escaleras, una central que va desde la planta número tres, donde se encuentra la entrada principal, a la número nueve, por lo que podríamos decir que el hospital consta de siete plantas y dos sótanos.

Además, hay dos escaleras principales que van desde la planta baja hasta la número ocho, y dos más laterales, una a

48

cada lado, que también van desde la zona más baja del edificio hasta la octava planta.

Si analizamos el recorrido de las escaleras, nos daremos cuenta de que al contrario que el resto de plantas, a las que podemos acceder por cuatro o cinco entradas diferentes; a la novena planta solo podemos entrar y salir por una escalera. Además, en el resto de plantas tenemos ascensores, mientras que en la última planta nos encontramos que no dispone de ascensor. Lo cual ya nos deja entre ver que es diferente al resto de plantas.

Una vez que entramos en esa última zona del edificio, nos percatamos que la escalera nos deja delante de una puerta, justo al abrirla, nos damos cuenta de algo que nos deja descolocados, hemos accedido a una especie de recepción, donde podemos observar incluso dos ventanitas, pero lo más curioso, es que estamos en el parte interior de la recepción, es decir, como si desde ahí se atendiera a las personas que hay dentro de la planta número nueve. Algo fuera de toda lógica, ya que de ser así, esas personas vivirían prisioneras en esa zona del hospital, ya que la única entrada y salida sería esa recepción que, lógicamente, permanecía con el acceso cerrado hacia el interior de la planta, ya que si no, sería algo totalmente absurdo y fuera de toda lógica, no tendría sentido que tuviesen que entrar y salir por el interior de una recepción molestando constantemente a los trabajadores que allí están cumpliendo con su obligación. Además, para permitir ese acceso, la puerta de la recepción que da al pasillo del interior de la novena planta debería permanecer abierta. En caso contrario, las personas que subieran de otras plantas no podrían entrar a ella, ni las que están ahí podrían salir.

Justo en la entrada de la recepción encontramos también tres habitaciones pequeñas, que seguramente se utilizarían de almacenes y cuarto de contadores.

Salimos de la recepción y nos encontramos en mitad de un largo pasillo y, justo enfrente, una habitación, a la cual accedemos y nos percatamos de que en su interior hay varias habitaciones más. Una de ella probablemente se utilizara como vestuario. Salimos nuevamente al pasillo y nos dirigimos hacia la zona Este, por donde encontramos varias habitaciones más, todas aparentemente normales, pero nuevamente nos topamos con una de ellas donde hay taquillas, seguramente otra zona de vestuarios. Seguimos adelante y nos adentramos de lleno en una habitación muy extraña, con muchos cuartos de apenas cuatro o cinco metros cuadrados. Además, las paredes han sido levantadas después de la construcción de la habitación y no tienen techos. Son como pequeños cuartos, supuestamente donde tenían sus camas las monjas. A este cuarto le denominamos "el laberinto" debido a su extraña distribución.

Ahora nos dirigimos hasta la otra zona del pasillo. Entrando de frente al pasar la recepción en una sala donde nos encontramos un enorme lavadero, seguramente allí lavaban la ropa las monjas que habitaban esa planta. Seguimos a la derecha por el pasillo y llegamos hasta una habitación muy pequeña con un ascensor montacargas que se encuentra fuera de funcionamiento y, a la izquierda, tres habitaciones más, una de ellas con aseos y retretes.

Al final del pasillo entramos en una cuarta estancia, la cual da acceso a otra habitación que parece prefabricada dentro de esa misma, y una pequeña puerta que lleva de lleno a unos túneles abovedados. Un lugar completamente oscuro, con el suelo de tierra y cubierto de polvo, parecen unas extrañas golfas o bodegas, donde seguramente guardaban algo que desconocemos. De hecho, es una especie de laberinto, donde no es muy recomendable adentrarse mucho, ya que podemos perdernos.

Una vez que conocimos esa planta número nueve y la estudiamos con calma y reflexión, llegamos a la conclusión, que con casi total seguridad, eran ciertos los datos que encontramos en los archivos que decían que allí vivían las monjas puesto que por un lado, el número de habitáculos en la sala que denominamos "el laberinto" venían a ser aproximadamente veinticinco, igual que el número de religiosas que habitaban esa planta, según algunos papeles que se encontraban en los archivos comarcales. Al ser tan pequeños esos habitáculos, tenía sentido que hubiesen dos habitaciones como vestuario, y un cuarto como lavandería. Lo único que nos extrañó bastante y que parecía escaparse de toda lógica, fue que en lugar de haber una entrada y salida de la planta hacia el resto del edificio, nos topáramos de lleno con una extraña y absurda recepción pero, aún así, imaginamos que estaría ubicada en ese lugar por algún motivo que desconocemos.

Había llegado la hora de indagar sobre si realmente los suicidios se producían desde esa planta, aunque todo parecía indicar desde un inicio que no era así.

Revisamos todas las ventanas que daban al exterior del hospital, y nos percatamos de algo que llamó poderosamente nuestra atención. El edificio del hospital consta de tres estructuras: una central y dos laterales. La planta nueve solamente abarca la edificación central; es decir, que para suicidarse desde esa planta solo pueden hacerlo desde la estructura central del edificio. Lo que sería totalmente imposible es que lanzándose desde ahí cayeran al jardín, porque en la planta tres hay una terraza, y por ello sería improbable superarla en cuanto longitud, por mucha carrera o impulso que cogieran los suicidas. Es decir que si alguien se lanza al vacío desde la planta número nueve, caería forzosamente a la planta número tres.

La única opción segura para que cayeran al jardín, al lugar que posteriormente apodaron la jungla debido a que ahí caían las personas que se suicidaban, es desde las edificaciones laterales, las cuales solo constan de ocho plantas, de ahí que la planta número nueve solo tenga una escalera central que llega hasta ella y el resto cuatro

o cinco escaleras, que abarcan las tres edificaciones.

Por lo tanto nuestras indagaciones nos muestran claramente que si los propios internos apodaron al jardín "La jungla", puesto que era el lugar donde acababan cayendo los cuerpos de las personas que se quitaban la vida, es porque realmente caían ahí y no en la terraza de la planta número tres, así pues, nuestra conclusión es clara y contundente: los suicidios tenían como escenario la planta número ocho.

MISTERIO EN EL HOSPITAL

Ahora, si les parece les invito a introducirnos en esas historias que se cuentan con relación al Hospital del Tórax, pero que no pasan de ser leyendas, ya que no tenemos ninguna prueba que nos demuestre lo contrario.

La leyenda urbana más popular es la que habla de supuestos experimentos ilegales con personas.

Como en toda leyenda, siempre puede existir algo de real que haga que los rumores comiencen a expandirse cada vez con mayor fuerza y mayor exageración, o por lo menos con cuestiones o hechos añadidos que surgen de terceras personas, los cuales no tienen aparentemente la más mínima fiabilidad, ya que solo aportan un testimonio sin pruebas evidentes, de ahí que se cataloguen dentro de lo que conocemos popularmente como leyendas urbanas.

La leyenda sobre los experimentos ilegales se basa en las contradicciones que envuelven la historia del hospital, como por ejemplo, la ya mencionada sobre los suicidios, los que supuestamente se producían desde la planta número nuevo, cuando en realidad no podía ser así. De este modo, se basan para potenciar la leyenda en que los archivos oficiales muestran un aumento del número de trabajadores en el hospital, mientras que el número de internos va decreciendo de forma más que considerable. Además especifican que si el Hospital del Tórax fue uno de los centros sanitarios más importante del mundo a nivel de investigación, es porque realizaron experimentos y probaron tratamientos médicos de forma ilegal, ya que por aquella época de posguerra, los medios para el estudio eran escasos, lo cual no encajaría para que el centro sanitario de Terrassa estuviese por encima de otros mucho más importantes hasta la fecha, ubicados en otros países más desarrollados que el nuestro.

También se rumorea que incluso se internaban en el hospital niños huérfanos, con los cuales se llegaba a experimentar. Pero como bien decimos, no podemos afirmar nada de eso, ya que serían acusaciones muy graves sin pruebas claras y contundentes. Por consiguiente consideramos que se trata de simples rumores y leyendas sin fundamento.

Ligada a esta leyenda nos encontramos con otra muy curiosa que nos habla de un enfermero cruel al que apodaban "el Oso"; una leyenda tremendamente terrorífica, que me causó tal impacto el día que la descubrí, que tuve que abandonar el Hospital en seguida, ahora entenderán por qué.

En mitad de mi investigación en el hospital realicé varios viajes a Cádiz y a otros lugares. En uno en que acudí a la Tacita de Plata, aproveché para que me hiciesen una regresión sin hipnosis. Siempre había sentido curiosidad por ese tema. Aunque era bastante escéptico, consideraba que se trataba todo de una inducción sugestiva que te hacía plasmar imágenes en tu mente que no eran reales. De hecho, al salir de mi sesión continuaba pensando lo mismo, pero unos meses después me quedé aterrado cuando conocí ésta leyenda, ya que en mi regresión, acudí hasta el Hospital del Tórax y hablé supuestamente con una especie de guía espiritual que cuidaba de las almas de las personas que vagaban por el jardín del hospital, la mayoría suicidas, según me explicó este supuesto guía, o lo que yo creía que era un guía, por entonces.

La conversación fue muy amena y me dijo que cuidaba de las personas que se habían suicidado ya que algo maligno gobernaba ese lugar.

La descripción de este ser es que tenía apariencia humana, llevaba la cabeza rapada, era de complexión fuerte y vestía una chaqueta marrón de cuero. Justamente la misma descripción que meses posteriores nos dio la ouija en una sesión que realizamos junto a un programa de televisión. Curiosamente, mientras realizábamos la sesión, entró uno de los vigilantes en la sala de la planta tres donde nos encontrábamos y el máster de la ouija se quedó quieto, cuando instantes antes circulaba a una velocidad tremenda. Después de realizarle varias preguntas, finalmente continuó deletreando frases, y no paraba de pedirnos que se marchara el vigilante, entonces le preguntamos que si no le gustaba y nos respondió que le tenía miedo. Así pasamos cerca de una hora hablando con esa supuesta persona que pasó sus últimos días de vida como interno del hospital, contándonos la historia de un enfermero al que llamaban Oso, y que casualmente era físicamente igual que la persona que apareció en mi regresión, incluso nos detalló que su uniforme era blanco, pero que en ocasiones portaba una chaqueta marrón de cuero.

Según la supuesta presencia que nos hablaba mediante la ouija, ese enfermero maltrataba a los enfermos, incluso se había aprovechado sexualmente de alguna mujer. Todos le temían, se rumoreaba que hacía el trabajo sucio que le mandaban sus superiores.

Esta historia quedó en una simple anécdota más, porque la ouija no suele ser demasiado fiable. Sin embargo, me causó un tremendo impacto a nivel personal, ya que lo relacioné con mi experiencia vivida en Cádiz a través de la regresión. Quizá mi subconsciente, conocedor de mi propia historia, fue quien plasmó esa historia en el tablero, ya que yo participaba de forma activa en esa sesión, por lo cual seguimos sin pruebas ni datos a tener en cuenta para pensar que ese tal Oso existiese de verdad.

Posteriormente comenzó a rondar entre los visitantes y seguidores del Hospital del Tórax la existencia de esta leyenda. Imaginamos que se corrió la voz de lo sucedido en aquella sesión de ouija, y que de ahí que se comenzó a forjar esta leyenda.

La enfermera de la muerte es otra de las leyendas que enturbian al Hospital del Tórax. Se remonta a la época en que el hospital estaba en pleno funcionamiento. Los seguidores del programa Cuarto Milenio la conocerán porque el profesor Sebastián Darbó la contó de una forma magistral en el programa. Sin embargo, detrás de esta leyenda existe una cruda realidad, de la cual pude ser conocedor una ocasión que hablé con el propio Sebastián, después de acudir como invitado a uno de sus programas de televisión en el canal Telemagik.

La leyenda en cuestión relata que por los largos y lúgubres pasillos del hospital se veía pasar a una enfermera apuntando con una jeringuilla hacia arriba, la cual ayudaba con una inyección letal a acabar con el sufrimiento de aquellos enfermos que padecían en sus últimos días de vida. Según el rumor que corría entre los internos, cuando esta enfermera visitaba a un enfermo al día siguiente aparecía muerto, por lo cual el pánico a la figura de la enfermera de la muerte era extremamente acentuado.

Lo que a simple vista parece una leyenda urbana más esconde un trasfondo real, que me dejó perplejo cuando Sebastián me lo contaba en los estudios de su cadena de televisión.

"Miguel Ángel, la historia de la enfermera de la muerte es real, era una enfermera de carne y hueso que se dedicaba a sacar el agua del pulmón de aquellas personas que lo tenían encharcados, por eso la persona normalmente moría a las pocas horas, ya que no se podía hacer nada por ellos."

Ahora lo entendía todo, lo que sucedía es que los pacientes veían entrar a una enfermera con una jeringuilla a las habitaciones de determinados pacientes y, a las pocas horas, se enteraban del fallecimiento de los mismos, de ahí que los rumores y comentarios llegasen a crear una leyenda prácticamente real.

Otros rumores incluso nos hablan a día de hoy de un túnel subterráneo secreto, que va desde el mismo corazón del Hospital, hasta el antiguo cementerio de Terrassa, lugar por donde trasladarían a las víctimas de esos experimentos ilegales que comentábamos anteriormente.

He podido entrevistarme con muchas personas que conocen el Hospital o que han trabajado en él, bien cuando estaba en funcionamiento o en la actualidad, y la mayoría ha escuchado hablar de esa leyenda que habla del supuesto túnel, pero nadie sabe por dónde se accede. Aunque pude hablar con un trabajador de mantenimiento de una empresa subcontratada, muy conocida en Terrassa, que me comentó que existe un túnel de un metro de altura y muy estrecho, que pasa por debajo del hospital de una punta a otra, pero del que supuestamente va hasta el antiguo cementerio de la ciudad, no sabe nada.

Lo curioso de esta leyenda nos lo encontramos con dos supuestas personas con facultades extrasensoriales, las cuales no se conocen entre sí, pero trasmitieron exactamente lo mismo a Toni García, una de las personas que me ha ayudado en esta investigación.

Un compañero de trabajo le sacó el tema del hospital, sin que hubiese comentado nada, llevaba sólo unos meses en esa empresa y todo el mundo desconocía que en ocasiones acudía a investigar conmigo, por lo cual cuando este compañero le comenta a Toni *"el túnel que buscas en el Hospital del Tórax está en ese árbol que tanto te inquieta"* hizo que se quedara completamente asombrado, no daba crédito a lo que estaba escuchando, además jamás le había contado a nadie que en la parte posterior del hospital había un árbol que siempre que lo veía le llamaba mucho la atención.

A las pocas semanas, volvió a suceder algo que fue para Toni la gota que colmó el vaso. Era la segunda vez que acudía a pelarse a una peluquería nueva, y dio la casualidad de que era el último cliente, pues cuando llegó su turno ya no había nadie más en el local, sólo el dueño y él. Desde esa peluquería se disipaba en la lejanía la figura del hospital, y así sin más salió el tema, ya que está muy de moda en Terrassa, al igual que en el resto de España, pero aquí bastante más, ya que pertenece a esta ciudad.

La conversación no se extendió más de dos minutos cuando el peluquero le comentó de forma rotunda a Toni que si buscaba el túnel que efectivamente se entraba por el árbol que tanto le llamaba la atención. También le dijo que dentro de ese túnel había raíles y que antaño se vio a algún militar empujando carros con cadáveres, que si investigábamos allí nos íbamos a encontrar con algo muy desagradable, además le dijo a Toni que tuviese mucha precaución, ya que el hospital estaba gobernado por fuerzas oscuras.

Mi compañero no salía de su asombro, el peluquero sabía lo del túnel sin que él lo hubiese mencionado, esos dos momentos, tanto con su compañero de trabajo como con el peluquero, lo habían dejado descolocado, ya que era una persona con los pies en la tierra, de los que necesitan ver algo para creérselo, pero aquella situación lo superaba por completo.

A partir de ese instante teníamos un nuevo reto: indagar en ese árbol para ver si realmente escondía entre las zarzas y los matorrales un acceso hacia un túnel.

Una de las últimas leyendas surgidas en torno al Hospital del Tórax crea una estrecha relación entre las obras del hospital y enterramientos de restos óseos humanos. Según los rumores, supuestamente se han encontrado en la parte trasera del hospital enterramientos de huesos humanos, los cuales habrían sido cubiertos con placas de hormigón para que no les parasen las obras. Sin duda una leyenda un poco macabra, de la cual considero que no tiene fiabilidad alguna, ya que si realmente se encuentran restos óseos y lo ocultan, estarían infringiendo la ley y cometiendo un delito muy grave, por consiguiente considero que se trata solamente de una leyenda urbana más, aunque tampoco puedo ratificarlo, pero sí darle el beneficio de la duda, mientras no me demuestren lo contrario. Aun así, cuenta la leyenda que las obras llevan demasiado retraso y eso genera una pérdida económica importante por lo cual, lo último que podían permitirse es que les parasen las obras.De todas formas me ratifico en pensar que solamente se trata de una leyenda urbana más, creada por ciertos individuos, con fines que desconozco, desde aquí dejo claro en estas líneas que estoy totalmente convencido en el buen hacer de los responsables de las obras y que para mí esta leyenda no debe enturbiar su buen hacer.

Por otro lado, lo que sí es real, es que varios grupos de gamberros y maleantes, ya que no tienen otro nombre, han entrado por la noche cuando algunas placas de hormigón todavía estaban húmedas y han lanzado ladrillos, piedras y objetos para divertirse. Lo que quizás desconocen, es que esa broma pesada, la cual les ha servido para entretenerse apenas cinco minutos, le ha costado a la empresa de albañiles unos seis mil euros, así que mejor podrían buscar otro tipo de entretenimientos y, por favor, no confundamos a esos gamberros con los que somos amantes del misterio, ya que nosotros nos caracterizamos sobre todo por respetar los lugares que visitamos y no crear ningún tipo de destrozo, ni altercado, sino todo lo contrario, intentamos conservarlo con todo su encanto.

El cine y el Hospital del Tórax.

Dentro del mundo del cine, las leyendas y los rumores relacionados con los fenómenos extraños y parapsicológicos, también son demasiado frecuentes. En el Hospital del Tórax y su recinto se han rodado muchas películas, series, spots publicitarios y programas de televisión. Incluso estuvo a punto de servir de escenario para la grabación y emisión del famoso programa Operación Triunfo, aunque finalmente no llegaron a un consenso económico entre ambas partes.

Una de las películas donde los actores, el director y el

equipo técnico comentan sucesos extraños es en la filmación española *"Ouija"*, donde además de ocurrir el extraño accidente de uno de los protagonistas principales, el cual fue muy similar al del personaje que interpretaba en la película; ocurrieron fenómenos extraños en el lugar donde se alojaban los actores, concretamente en un pueblo rural llamado Mura, que está situado a escasos kilómetros de Terrassa.

Allí se escuchaban por la noche gritos, llantos y ruidos inexplicables que provocaban cierta tensión entre los actores, ya que desconocían la procedencia de los mismos, llegando a terminar su estancia en la casa rural, sin hallar una explicación racional sobre los fenómenos.

El actor Jaume García, con el cual pude hablar personalmente durante la entrevista que Juanje Vallejo le realizó en Terrassa para el programa Cuarto Milenio, aseguró para las cámaras de televisión que en el lugar se respiraba un ambiente inhóspito, acompañado de una sensación misteriosa. Aunque por otro lado, su opinión personal sobre el accidente que había sufrido su compañero de rodaje, lo calificaba de una curiosa coincidencia.

La sensación que Jaume García describía se corresponde por lo tanto con las que muchas otras personas que no se conocen entre sí han descrito. Incluso el director Jaume Balagueró dijo públicamente a la revista digital Anika Cine que, en uno de sus rodajes, los actores tenían miedo y acudían de dos en dos al baño.

Otro director, Luis de la Madrid, aseguró que había presenciado cosas tan inexplicables en el Hospital del Tórax, que jamás volvería a pisarlo.

Oscar Aibar, director de la película *Platillos volantes*, entre muchas otras, describía al hospital del Tórax como el Auschwitz español, ya que cuando el acudió al centro hospitalario, mientras estaba en activo, a visitar a algunos enfermos, pudo ser testigo de padres que después de ingresar a sus hijos menores de edad, y sabiendo que jamás superarían la enfermedad, ya que eran terminales, se subían a lo más alto del edificio y se lanzaban al vacío atentando contra su propia vida. Según éste excelente director cinematográfico, nadie quería ingresar en el Hospital del Tórax, ya que la gente iba a morir.

La película *Los sin nombre*, está íntimamente relacionada con una de las leyendas más conocidas del Hospital de Tórax. En la planta número ocho, nos encontramos con una habitación que muestra signos evidentes de haber sufrido un incendio, y podemos ver además en el techo, un gran círculo rodeado de ángeles y, en su interior, muchas fotografías de carné de persona, de las cuales se comenta que fueron enfermos que murieron en el hospital. Pues bien, en ese círculo, que se trata simplemente de parte de un escenario de la filmación española *Los sin nombre*,. La mente maquinadora de algún fabulador, ha creado una espeluznante leyenda surgida de ese escenario de la película, incluso en el reportaje que hicimos con el programa Callejeros de Cuatro lo dejábamos claro, aunque parecía no agradar a sus redactores ya que suprimieron esa aclaración en el reportaje y continuaron alimentando esa escalofriante leyenda.

En la planta número cuatro del hospital, aun se pueden observar algunas columnas y restos de escenarios del rodaje de la filmación *Frágiles,* una excelente película dirigida por Jaume Balagueró, que trata sobre un hospital de Gran Bretaña, el Mercy Falls, donde los rumores sobre extrañas sensaciones o anomalías en la grabación están presentes, además del registro involuntario de grabaciones psicofónicas, que quedaron captadas por las cámaras de vídeo, incluso algunas de esas psicofonías aparecen en la película, ya que al ser de género de terror, decidieron incluirlas en el film. Algunas películas se han rodado de forma íntegra en el Hospital del Tórax, como por ejemplo *Sesión 9*. Otras filmaciones como la producción *Lo mejor que le puede pasar a un croissant* muestra el interior del hospital en el actual estado de abandono, ya que no utilizaron apenas decorados para el rodaje, y podemos contemplarlo en su estado más tétrico y tenebroso.

Una de las últimas películas donde lo inexplicable parece haber hecho mella en aquellos que han tenido que trabajar en el interior del edificio, ha sido la producción cinematográfica *Mundo perro*, catalogada dentro de las películas para adultos, dirigida por el director Roberto Valtueña y la actriz porno Salma de Nora. Según los rumores que corren alrededor del film, la producción se topó de cara con lo imposible desde el primer instante que entró al recinto del Hospital del Tórax.

Nada más llegar, los trabajadores y parte del equipo técnico, entraron en el lugar diciendo que todo lo que se hablaba sobre fantasmas del hospital era una patraña, y realizaban comentarios jocosos. A los pocos minutos, justo delante del majestuoso edificio se percataron de algo absolutamente imposible de comprender. Todas las baterías que llevaban en el camión, para hacer funcionar los aparatos de grabación y montar los escenarios, estaban completamente agotadas, algo que causó el primer contratiempo del rodaje, ya que ese día no pudieron comenzar a grabar, tuvieron que poner a cargar todas las baterías. Sobre ésta primera cuestión no tengo declaraciones directas de los propios perjudicados, aunque sí de dos personas ligadas íntimamente al Hospital del Tórax, que presenciaron el suceso.

Durante los días que rodaron las diferentes escenas, se registraron numerosas psicofonías en las cámaras de filmación, llegando incluso a ser un hecho tan significativo que se comentaba entre los trabajadores del Hospital del Tórax, ya que el rumor y la sorpresa corrió como la pólvora.

Como dato significativo les diré que las primeras escenas de esta película se grabaron en otro lugar emblemático en cuanto a registro psicofónico se refiere, el pueblo viejo de Belchite, lugar donde lo imposible se viste en forma de voces sin rostro.

Al finalizar el rodaje en el hospital, sólo quedaba filmar unas escenas en la playa y la grabación del film habría concluido. Sin embargo, algo de carácter extraño debió suceder, ya que a las dos semanas, nuevamente regresaron a grabar durante varios días al Hospital del Tórax. Esto llamó mucho la atención a las personas que conocían los antecedentes sobre la grabación de psicofonías y las descargas de baterías sufridas por el equipo de rodaje de la producción cinematográfica, por lo cual rápidamente se especuló con la posibilidad de que algunas filmaciones se les hubiesen borrado de forma inexplicable o incluso que en las imágenes tomadas durante los rodajes, hubiesen salido anomalías o sencillamente cosas que no deberían estar ahí, las cuales estropearon la grabación. Tenemos que tener en cuenta que desplazar todo un equipo físico de personas, material, alquiler, etc.; supone varios miles de euros, por lo tanto no es lógico desmontarlo todo para volver a montarlo dos semanas después, y sobre todo sabiendo que oficialmente ya habían terminado de rodar todas las escenas que tenían previstas grabar en el Hospital del Tórax.

Sectas y rituales satánicos.

Otra de las cuestiones que unen de una determinada forma al cine con el Hospital del Tórax son los rituales supuestamente satánicos que se han realizado en el hospital, ya que algunos grupos han aprovechado escenarios de algunas películas para realizar sus ofrendas al maligno. El ejemplo más claro lo tenemos en el pentagrama que se pintó en la capilla del hospital para la filmación de la película española *"Ouija"*. Pero antes de adentrarnos de lleno en los supuestos rituales satánicos y los grupos que han dejado su huella en el hospital, voy a mencionar muy brevemente los tres tipos de sectas satánicas que existen, ya que parece ser que los grupos que se dejan caer por el lugar pertenecen mayoritariamente al prototipo popular de secta satánica.

Sectas luciferinas: Los integrantes de estas sectas consideran a Lucifer como el verdadero portador de la luz y la libertad, ya que creen que Dios es un dictador que tiene amenazo al hombre con castigarlo si no actúa como él dice. Los objetivos que buscan los miembros de estas sectas es conseguir poder, dinero y obtener satisfacción personal por encima de todo, además suelen ser personas de clase social alta, machistas, dictadores, con ideología racista y casi siempre de ultraderecha.

Adoradores de Seth: este tipo de sectas suele ser la más peligrosa y extremista de todas. Se tiene constancia de que realizan secuestros, sacrificios humanos, agresiones sexuales e, incluso, hacen beber sangre a sus adeptos y realizar ciertas pruebas de fidelidad como robar cadáveres o prestarse a ser torturados. Todo depende de la posición que tengan dentro del grupo, ya que para ir ascendiendo puestos deben ir sometiéndose a pruebas cada vez más espeluznantes.

Sectas satánicas: los integrantes de estas sectas suelen ser personas con desequilibrio mental, que odian todo lo relacionado con la sociedad, desde la forma de vida, hasta los valores establecidos. Actúan de forma delictiva a pequeña escala como protesta continua ante las normas sociales, podríamos decir que suelen ser las típicas sectas que conocemos a nivel popular, que disfrutan con las orgías sexuales, las drogas y el libertinaje, dejando pintadas y destrozos en todos aquellos lugares donde celebran sus "rituales".

España comienza a sufrir un crecimiento considerable de adeptos a sectas satánicas a principio de los años ochenta, por lo que el cierre del hospital en el año ochenta y siete parece coincidir con el aumento de seguidores al satanismo. El rumor de que en nuestro país vive uno de los Papas satánicos más importantes del mundo despierta en muchas personas con problemas psicológicos y mayoritariamente de clase económica alta la necesidad de acercarse a esta vertiente oscura, cuyas fijaciones son el dinero, el poder y la satisfacción personal por encima de todas las cosas.

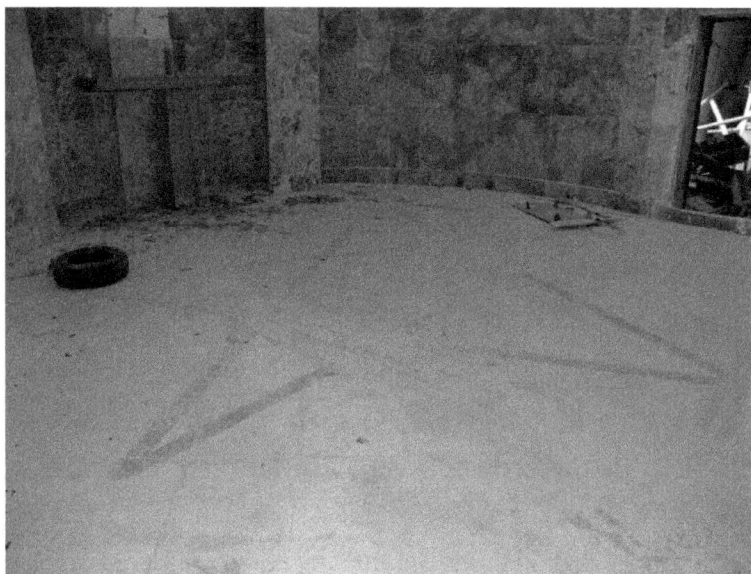

Las orgías, el sexo y el libertinaje forman un complemento muy jugoso en los rituales de tipo satánico que hace que muchas personas decidan seguir los pasos de los "sacerdotes" que gobiernan estos grupos y convertirse en adeptos al satanismo.

Según los expertos en la investigación de sectas satánicas, actualmente existen en nuestro país más de siete mil personas que practicarían esta religión, entre ellos más de dos mil estarían dentro de los diferentes grupos organizados tanto satánicos como luciferinos. Sin embargo, se tiene constancia de que solo cincuenta de esos grupos están considerados como peligrosos, los cuales pertenecen en su mayoría principalmente a la Comunidad Valenciana y ciudades grandes como Madrid y Barcelona.

De ese medio centenar de grupos de los que se sospecha que pueden celebrar sacrificios humanos, solo se tiene constancia realmente de dos, la secta "El Toro" que es la más antigua de todas, ya que nació en la edad media y "Hermanos de Changó", de la cual una sacerdotisa satánica y ex adepta al grupo declaró oficialmente ante la policía haber presenciado un sacrificio humano durante una misa negra.

Los hermanos de Changó es una secta de corte satánico que tenía su sede en la ciudad de Terrassa (Barcelona) y estaba dirigida por una sacerdotisa, la cual controlaba hasta el más mínimo de los detalles que sucedían alrededor de este grupo, teniendo controlados a sus adeptos e incluso amenazaba de muerte a todos aquellos que consideran pudiesen ser un peligro para su grupo con el paso del tiempo, ya que varios ex adeptos después de dejar el grupo han acudido a la policía para denunciar el tipo de rituales que celebra esta secta, en los cuales se han llegado a realizar supuestos sacrificios humanos con bebés.

En el año 1992 la Policía Nacional de Terrassa detuvo a varios integrantes de esta secta después de las correspondientes investigaciones y, para sorpresa de los agentes, algunos de los detenidos corroboraron las acusaciones de otros ex adeptos con afirmaciones como estas:

"En sus rituales de iniciación se habían sacrificado animales cuya sangre bebían. En los siguientes grados de introducción a la secta se organizaban 'celebraciones especiales' donde se sacrificaban niños. Se preparaba una mesa-altar, se invocaba a Asmodeo, Leviatán, Belial y Trisaurus, entre otros; se encendían perfumes e incienso, se masturbaban depositando el esperma en una especie de cáliz y, tras violar al niño o bebé en honor a Satán, le clavaban el cuchillo en el vientre y, depositando su sangre en el cáliz, todos bebían de él."

Sin embargo estas declaraciones parecen quedarse al margen, ya que la coacción recibida por la secta a la que pertenecían les influye de forma considerable para finalmente no hacer esta declaración de forma oficial. María L. es una ex adepta de esta secta, además es sacerdotisa satánica y fue la única que aseguró ante la policía de forma oficial que presenció una misa negra donde se realizó un verdadero sacrificio humano, como los que relataban otras personas de forma extraoficial. Según fuentes de los cuerpos de seguridad del Estado, este es el único sacrificio humano en España del que se tiene constancia real por parte de este tipo de sectas.

El lugar elegido por los grupos de corte satánico, para llevar a cabo sus rituales suelen ser los sitios abandonados, aunque como preferencia suelen elegir si les es posible la figura del cementerio o de las iglesias y capillas abandonadas, ya que son lugares sagrados y bendecidos por los sacerdotes de dogma católico, por lo cual sus contra misas o misas negras son mucho más efectivas.

Tenemos constancia de que se han celebrado numerosas misas negras en la capilla del viejo sanatorio, pero contamos con dos casos excepcionales y con una fiabilidad máxima, ya que nos llegan desde dos fuentes internas del propio hospital. Además hay atestados policiales que demuestran el requerimiento de los miembros de las fuerzas de seguridad del Estado en el lugar con ese motivo.

En una ocasión se encontró en el interior de la capilla a un grupo de personas vestidas de negro y con las típicas capuchas, realizando un extraño ritual. Estaba todo adornado con velas negras y pronunciaban extrañas palabras en un idioma desconocido. Cuando los integrantes del grupo se percataron de la presencia de lo que para ellos eran intrusos, ya que desconocían que esas personas fuesen trabajadores del hospital, intentaron agredirles, pero afortunadamente consiguieron escapar y avisar a la policía. Cuando los agentes se presentaron en el lugar, pudieron contemplar el panorama que había en la capilla, todo lleno de velas y extraños símbolos que acompañaban al pentagrama que está ubicado justo en la zona del altar en la capilla.

En otra ocasión, varios vigilantes de seguridad fueron apedreados, como si fuese una emboscada por un grupo sectario que había sido descubierto minutos antes, planificando supuestamente uno de sus rituales. En este altercado tampoco hubo daños físicos.

Por último, nos encontramos con otro ritual satánico, este en los alrededores del edificio, justo en la entada a la planta número tres, por la parte delantera del edificio. Esto ocurrió hace más de dos años, cuando no existían las garitas de vigilancia ni había luz en la zona. Como apunte les diré que solo había un vigilante y estaba metido en su coche, por lo cual ese lugar estaba igual de solitario que cualquier otro, no como en la actualidad, donde hay varios vigilantes y la luz deja ver cualquier mínimo movimiento que se produzca en el lugar, además de estar el recinto perfectamente vigilado con cámaras de seguridad de última generación.

En esa ocasión, cuando el vigilante se percató de algo extraño no dudó en acercarse al lugar; pero al parecer los intrusos se dieron cuenta de su presencia y salieron despavoridos, encontrándose el vigilante con los restos del ritual.

Además de los adoradores de Satán, también suelen acudir al lugar extraños personajes, como una chica menor de edad que encontraron varios miembros de seguridad, sobre las tres de la mañana, completamente sola en el interior de la capilla, y alumbrada con una simple vela. La joven estaba dibujando tranquilamente. Según su aspecto era una niña con tendencias góticas.

En otra ocasión mientras realizábamos una visita por el interior del hospital, escuchamos música, la cual identificábamos como *heavy metal*. Las canciones no dejaron de sonar en toda la noche, cada vez que nos acercábamos a los balcones del edificio, el sonido parecía provenir de la capilla, por lo cual pensamos que se trataba de algún grupo de jóvenes que estaban de fiesta pero a las siete de la mañana uno de los vigilantes se acercó hasta el lugar junto con algunos compañeros y se encontraron con algo que los dejó asombrados: un hombre de algo más de treinta años, estaba completamente solo en la capilla escuchando música, bebiendo litros de cerveza alumbrado por unas velas, pero lo más alarmante es que estaba completamente desnudo y con una máscara del demonio.

Imaginamos que muy bien de salud mental no estaría ese individuo, el cual creó entre las personas que acompañaban al vigilante risas y asombro.

Por lo tanto, los rumores sobre extraños personajes y rituales satánicos tienen para mí una absoluta fiabilidad, incluso he recibido varios correos electrónicos a lo largo de estos años de personas que aseguran haberse encontrado con rituales en el interior no solo de la capilla, sino también del propio hospital.

INVESTIGACIÓN DE CAMPO

Una de las facetas más importantes a la hora de investigar es establecer una buena metodología de trabajo. Ahora agárrense bien a su asiento, porque después de este apartado donde les explico con todo detalle cómo deben realizar una investigación de campo, qué métodos y técnicas pueden utilizar para que los resultados de sus investigaciones sean positivos, nos adentraremos en la parte del libro más terrorífica y hablo dejando a un lado el sensacionalismo, ya que como digo, en el próximo apartado vamos a conocer algunas de las investigaciones y los momentos más tensos que he vivido junto a mis compañeros en el interior del hospital. Les aseguro que si realmente aman el misterio van a vibrar con sensaciones que les llevarán a experimentar en primera persona todas esas emociones que sentimos en esos momentos, donde lo absurdo se presentó ante nosotros con una contundencia extrema.

APARATOS: Antes de acudir al lugar donde queremos realizar la investigación de campo debemos analizar la fenomenología que acontece supuestamente en el enclave que queremos investigar, para seleccionar así el aparataje que vamos a llevar. Por norma general, lo más básico y esencial sería llevar a cualquier lugar donde exista una supuesta actividad paranormal lo siguiente:

-**Grabadora de audio** (analógica, digital, mp3, Mini-Disc, ordenador, etc. Cualquier soporte que registre audio es válido).

-**Termómetro** (A poder ser, que lleve incorporado medidor de humedad).

-**Volumétricos o sensores de movimiento** (Lo ideal sería llevar varios, ya que nos ayudará a controlar zonas que no podemos ver).

-**Cámara de fotos.**

-**Cámara de vídeo** (A poder ser, varias; para poder controlar algunos lugares que no podamos ver, donde instalaremos los sensores de movimiento).

Además podremos llevar cualquier otro aparato que consideremos que nos puede ser útil, hay que ser conscientes que nos movemos en un mundo desconocido, por lo tanto cualquier invención que se nos ocurra puede aportar resultados positivos ya que desconocemos a qué nos enfrentamos realmente.

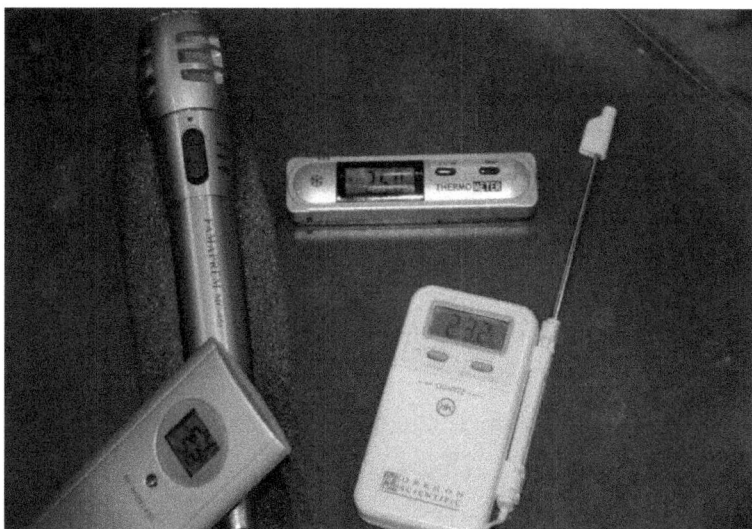

Existen detectores de campos magnéticos que detectan cambios bruscos en el magnetismo terrestre, detectores de campos electroestáticos, y un sinfín de aparatos personalizados que los investigadores crean con ayudas de ingenieros técnicos en electrónica, pero con lo expuesto anteriormente nos sirve para realizar una buena investigación de campo.

LAS MEDIDAS DE SEGURIDAD: Un vez seleccionado el equipo logístico que llevaremos a nuestra investigación, nos personaremos en el lugar para realizar, de día, una inspección ocular. Recalco lo de "de día", ya que esto es muy importante a la hora de evitar accidentes en los lugares abandonados, que son donde más suele acudir un investigador. En la mayoría de ocasiones, están en condiciones pésimas o con zonas donde el riesgo de accidentes es importante, por lo cual realizaremos una primera toma de contacto con el lugar de día y anotaremos todos aquellos puntos con riesgo de derrumbamiento o accidente, como techos en malas condiciones, suelos agrietados o agujeros.

Cuando hemos finalizado la inspección ocular y lo hemos anotado todo, tanto en nuestra memoria como en nuestro cuaderno de campo, pasaremos a la segunda fase: la investigación paranormal, la cual se puede realizar de día o de noche. Yo recomiendo que sea si es posible nocturna, ya que a esas horas el silencio es mayor y la tranquilidad nos ayudará a la hora de investigar, incluso esa oscuridad creará un escenario más propicio para meternos en situación, lo cual influye de forma positiva para obtener mejores resultados, ya que ese puntito de tensión o incluso de miedo, nos hace tener nuestros sentidos más alerta y podemos percibir mejor todo lo que nos rodea.

Una vez ubicados en nuestro lugar de trabajo, en la zona seleccionada crearemos un perímetro de seguridad lo más extenso posible para tener controlado el lugar y evitar, en la medida de lo posible, que cosas completamente naturales puedan confundirnos con manifestaciones del más allá. Como cada lugar es diferente, les pondré un ejemplo de cómo tomábamos nosotros las medidas de seguridad en el Hospital del Tórax, para que así ustedes se hagan una idea de cómo deberán hacerlo. Eso sí, siempre adaptándose al entorno y el lugar que vayan a investigar.

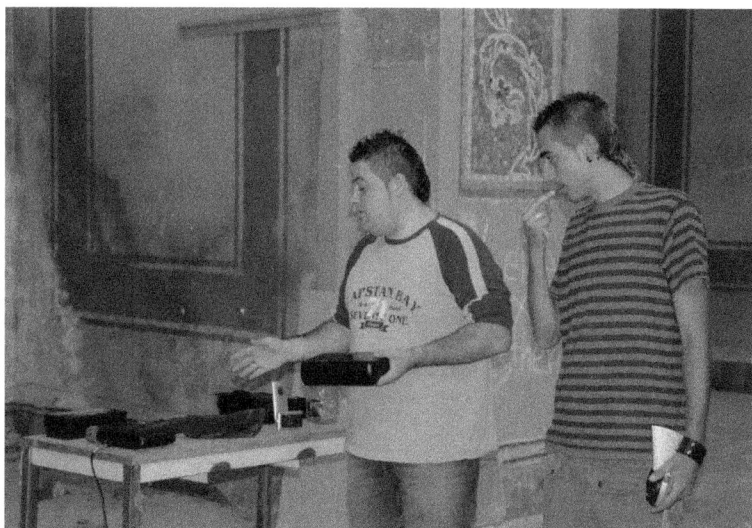

Nos encontramos actualmente en la planta número nueve del Hospital del Tórax, entramos desde la escalera, pasamos la recepción y accedemos al pasillo central. Si nos dirigimos hacia la izquierdar, llegaremos hasta el final de ese tramo de pasillo, que continúa girando a la derecha, zona donde nos han ocurrido muchos de los fenómenos más destacables, lugar que da acceso a los túneles de la monja; es decir, a la zona más caliente del edificio, zona donde vamos a instalarnos.

Lo primero que realizamos es tomar el perímetro de seguridad, para lo cual revisamos toda la planta nueve, teniendo controlado en todo momento la escalera de acceso y salida del lugar, para evitar que entre o salga alguien sin que lo veamos. Una vez que hemos revisado milimétricamente la zona y sabemos que estamos completamente solos, comenzaremos a colocar sensores de movimiento en puntos estratégicos, colocando el primero en la zona del pasillo donde estamos nosotros, pero al girar a la izquierda, enfocando dirección a la puerta de la recepción, así de este modo, si escuchamos pitar ese sensor querrá decir que alguien ha entrado en la planta. Esto en algunas ocasiones nos ha deparado alguna sorpresa, ya que teniendo el campo de visión grabando con una cámara de vídeo, hemos podido comprobar cómo el detector se activaba sin que nada ni nadie pasase por delante. Aun así, es imprescindible colocarlo en ese lugar por medidas de rigor y seguridad.

Los detectores trabajan por una luz infrarroja que tiene un campo de ángulo de 90º que se va abriendo, por lo cual el campo que controla es total en los pasillos. A los sensores se les puede incorporar una cámara de vídeo que controle la zona, de esa forma podremos estar totalmente seguros de si la causa que originó que el sensor nos avisara de que en su campo de visión ha detectado una presencia o un cambio de volumen, es natural o inexplicable. Como ven, es muy sencillo tomar precauciones básicas, y la verdad es que nos ayuda bastante a evitar que personas físicas se cuelen en el lugar y nos gasten una broma, o simplemente nos lleven a la confusión, por lo cual les recomiendo a todos ustedes que controlen la zona donde van a investigar con sensores de movimiento o alguna otra técnica que consideren fiable.

LA ACTITUD: Entramos en un faceta de suma importancia si lo que queremos es obtener resultados positivos en nuestras investigaciones, por lo cual, y aunque parezca que esta parte de la investigación pueda carecer de importancia, les aseguro que es posiblemente la principal de todas.

El grupo debe estar formado por el número de personas que consideremos oportuno, aunque les podré decir que durante mis intensas investigaciones he conseguido establecer un número ideal que oscilaría entre tres y seis personas, siendo el número más aconsejable el de cinco miembros, los cuales deben ser personas que se lleven bien, que no existan envidias entre ellos, odio, ni malas sensaciones; ya que de no existir nada de eso, los resultados pueden llegar a ser muy positivos en la mayoría de ocasiones, mientras que si en nuestro grupo existe entre los miembros, intereses ocultos, envidias u odios, los resultados parecen no manifestarse de una forma tan abierta. Por otro lado, nuestras intenciones deben ser buenas; si buscamos obtener resultados para competir con otros investigadores o perseguimos a la causa paranormal únicamente por fines poco éticos, los resultados no serán demasiado positivos. He llegado a éstas conclusiones después de ver cómo actúan algunas personas y conocer los resultados que obtienen. Y es que la causa paranormal es inteligente, como la mayoría de ustedes saben; por lo cual solo deja evidencias de su existencia, en forma de premio, a aquellas personas que divulgan su existencia de una forma seria, ya que como nos vienen demostrando desde los tiempos más antiguos, conocen nuestro entorno y nos conocen a nosotros, sabiendo por consiguiente que existen muchos charlatanes que sin tener facultades especiales o sin haberse topado nunca con lo extraño, desprestigian la existencia de ese otro lado, haciéndose pasar por dotados psíquicos y mensajeros del más allá.

En definitiva, vayan con un grupo de amigos de verdad, busquen solo el fin de encontrar respuestas a sus dudas y divulguen el misterio y sus experiencias de una forma seria. Si su actitud es positiva, seria y rigurosa, el fenómeno no tardará en manifestarse ante ustedes. Además, como último consejo les diré que siempre se muestren naturales y espontáneos ante el fenómeno, tratándolo como si fuese un amigo más del grupo, si tienen que improvisar una pregunta

a. o una petición, háganlo; si les apetece hacer un comentario jocoso,

b. o soltar una risa o una carcajada por cualquier suceso, háganlo; muéstrense siempre de forma natural, realicen las investigaciones desde un punto serio y riguroso, pero con total naturalidad, tratando a la causa como a uno más de su grupo, y verán como los resultados llegan a sorprenderles de una forma muy grata.

EXPERIMENTOS: Dentro de nuestras investigaciones podemos plantear numerosos experimentos para intentar captar esas manifestaciones paranormales que en la mayoría de ocasiones se resisten a ser cazadas, aquí vamos a exponer algunos de esos experimentos a lo largo del libro, conozcamos ahora algunos para detectar la presencia paranormal de una forma física.

DETECTAR PRESENCIAS FÍSICAS: Para detectar presencias físicas sólo necesitamos un sensor de movimiento o volumétrico y una cámara de vídeo sujeta a un trípode, registrando el sensor y el ángulo que éste controla para poder comprobar, en el caso que detecte una presencia, si esta es de origen desconocido o no.

En lugares con gran carga de fenomenología paranormal, como viejos hospitales o lugares que han presenciado mucha muerte y dolor, la actividad de estos detectores suele ser bastante intensa, dejándonos muestras evidentes de que existen ciertas inteligencias invisibles a nuestros ojos, que interactúan con nosotros haciendo sonar esos aparatos electrónicos.

HUELLA EN EL SUELO: Una de las técnicas más utilizadas en los lugares donde habitan los fenómenos paranormales y sobre todo en aquellos enclaves donde los rumores sobre apariciones fantasmales o espectrales están presentes se suele utilizar el método de la harina o los polvos de talco en el suelo. Este experimento es sencillo y más eficaz de lo que podemos pensar a priori. Necesitamos harina o polvos de talco, yo recomiendo lo primero, ya que es más densa. Una vez que tenemos el producto, lo que deberemos hacer es espolvorear bien la zona donde queramos realizar el experimento. A poder ser elegiremos la zona donde más actividad exista dentro del lugar que vamos a investigar o aquel sitio donde se hayan producido las supuestas apariciones. Una vez seleccionado el lugar y espolvoreado el suelo con harina o polvos de talco, realizaremos una fotografía para captar en nuestra cámara que no hay ninguna huella sobre el escenario que hemos creado. A este experimento se le puede añadir una cámara de vídeo que controle el lugar o un sensor de movimiento que nos alerte de alguna presencia inesperada, pero lo básico y principal de la experiencia es poder detectar actividad paranormal sobre la zona espolvoreada que hemos creado, ya que si nos encontramos una huella en el lugar que hemos preparado para cazar el fenómeno, tendremos además de la prueba de la existencia de actividad paranormal, la clara y contundente evidencia de que la causa paranormal que ha incidido en nuestro campo de experimento,

o bien es física, tiene peso o como mínimo tiene la capacidad de manipular nuestra dimensión y manifestarse alterando nuestra materia física, como sería en este caso la masa de polvo artificial que hemos creado.

Además de este experimento se pueden colocar en el suelo plásticos de envolver materiales frágiles, de los que tienen bolitas de aire, de esas que tanto nos gusta explotar con los dedos, ya que parece relajarnos. Pues bien, si ocultamos ese material debajo de periódicos, cartones finos o bolsas, pueden servirnos de alarma para detectar presencias que no esperamos, incluso si espolvoreamos en el suelo sal, ya que al ser cristal, si estamos en un lugar cerrado y en silencio, escucharemos claramente si alguien o algo pisa encima. Todos estos experimentos dan frutos si los realizamos en lugares claves donde lo imposible se manifiesta de una forma real.

LOS MEDIOS DE COMUNICACIÓN

Sobre todos estos fenómenos paranormales y leyendas que hemos ido conociendo en el libro, se quisieron hacer eco numerosos medios de comunicación, desde programas de radio como "El último peldaño", "Milenio", "Misteris", "La hora bruja", "Milenio 3" o "La llave del misterio" entre muchos otros, ya que fueron más de treinta emisoras de radio las que me solicitaron una entrevista para hablar sobre este misterioso y espeluznante caso; hasta revistas como Año Cero o páginas web como Mundo Parapsicológico o Ángulo 13 quehicieron de éste lugar uno de los más famosos y populares de España, hasta que por fin llegó el acentuado interés de diferentes programas de televisión, los cuales dieron a conocer el lugar a toda España, convirtiendo al Hospital del

Tórax de Terrassa en el edificio más atractivo y misterioso de España para los amantes del misterio. Pero todo esto no fue porque sí, ya que esos programas dan a conocer muchos casos semanalmente, fue porque los reporteros y cámaras fueron testigos de lo imposible mientras rodaban el reportaje junto a nosotros.

Además de estos programas que acudieron in situ al hospital a realizar una investigación, también fui invitado por otros, como "Ciencia oculta y tradición" de Sebastián Darbó, para hablar de mis investigaciones y exponer los resultados.

Ahora vamos a viajar en el tiempo y vamos a vivir esos instantes tan especiales e históricos que vivimos con programas como "Cuarto Milenio" o "Callejeros", ambos del canal Cuatro, la productora valenciana "Visual-Beast" o "Comando Actualidad" de TVE.

Antes de adentrarnos de lleno en el reportaje con el equipo de Iker Jiménez, añadiré como apunte que el programa "El Buscador" de Telecinco también se interesó por mis investigaciones, pero finalmente optaron por hacer un reportaje del cementerio de Cádiz, ya que el tema del hospital había salido en esas semanas en dos programas a nivel nacional y no querían que fuese un reportaje repetitivo.

Investigación con Cuarto Milenio.
Habían pasado varios días desde que salió publicado mi

artículo sobre el Hospital del Tórax en la revista Año Cero, cuando al revisar mi correo electrónico me encuentro con un mensaje que ponía de asunto "Cuarto Milenio". Al abrirlo pude leer que el reportero Juanje Vallejo se había interesado en el caso que estaba investigando y quería realizar un reportaje del lugar y una investigación, con la aprobación previa del director del programa Iker Jiménez; por lo cual, llamé al número que el reportero me había dejado en el e-mail para que me concretara más a fondo lo que me proponía en su correo electrónico.

Desde el primer instante Juan Jesús Vallejo se mostró agradable, simpático y me transmitió una sensación de confianza y respeto, dejándome ver con el paso del tiempo que era una gran persona además de un excelente profesional.

Juanje me ratificó el interés del programa en realizar un reportaje sobre el Hospital del Tórax, y me propuso que colaborase en el reportaje como el que más había investigado el lugar y quien mejor lo conocía, por lo cual, accedí a su propuesta ya que me pareció interesante y constructiva; ya que gracias a ese reportaje podía dar a conocer el lugar más encantado de España.

Al terminar la conversación con el reportero de Cuatro quedamos en que me llamaría una vez que hubiese obtenido los permisos del Ayuntamiento de Terrassa para realizar el reportaje.

A los pocos días me fui hacia la Tacita de Plata, en busca nuevamente del misterio. En esa ocasión en busca de los misterios del cementerio de San José, en la capital gaditana, donde supuestamente acontecían fenómenos paranormales, ya que un antiguo vigilante del camposanto, el señor Alfonso Cózar Romero, había sido testigo directo de fenómenos escalofriantes mientras cumplía con sus labores de vigilancia en el recinto. Fue desde ese lugar, Cádiz, donde se comenzó a forjar el camino de baches hacia la grabación del reportaje sobre el Hospital del Tórax. Por cierto, ese caso del cementerio también saldría en Cuarto Milenio, ya que a Juanje Vallejo, Iker Jiménez y al resto del equipo del programa les interesó hasta tal punto que decidieron realizar un amplio reportaje del lugar, entrevistando incluso a señor Cózar.

Volviendo a la trama previa al rodaje del programa con Cuarto Milenio sobre el Hospital del Tórax, tengo que decirles que fue un camino lleno de espinas, ya que en un principio el Ayuntamiento de la ciudad y el propio parque audiovisual de Cataluña se negaron a conceder los permisos, por lo cual el reportero del programa buscó la opción de realizar la investigación en uno de los platós de la productora Filmax, que se encuentra ubicada en el propio hospital y poseen potestad absoluta para poder grabar lo que deseen dentro de sus platós. La productora accedió en un principio, pero posteriormente pusieron muchos obstáculos para ello, llegando en un momento determinado a decirme Juanje Vallejo que no se podía realizar el reportaje porque nadie concedía los permisos necesarios, así que dejamos el tema muerto y nos hicimos a la idea de que todo había terminado ahí. Sin embargo, al día siguiente recibo una llamada telefónica de Juanje que me decía que finalmente el Ayuntamiento de Terrassa les ha concedido los permisos para realizar el reportaje, que dentro de unos días me llamaba para concretarme con exactitud la fecha de grabación y todos los detalles.

Fueron unos días cargados de emociones, tristeza, ánimos, desánimos, pero sin duda valieron la pena, ya que gracias a Cuarto Milenio, pude dar a conocer a España entera cómo era el lugar más misterioso y enigmático de nuestro país, por lo cual mis palabras de agradecimiento estarán siempre por delante a la hora de hacer mención a Cuarto Milenio y todas las personas que forman ese excelente equipo de profesionales, pero sobre todo a Juanje Vallejo, un excelente profesional y persona, al cual aprecio y admiro de corazón.

A las setenta y dos horas de haber hablado con Juanje Vallejo por teléfono, recibo otra llamada del reportero del programa, en la cual me dice que el reportaje se grabaría dentro de cuatro días, concretamente el próximo viernes, pero que un día antes montarían un set en un hotel de Terrassa que les habían asignado para hacer algunas entrevistas, que si podía acudir por la tarde para conocernos en persona y grabar mi entrevista. Además me preguntó a las personas que llevaría a la investigación, y le comenté que a Fran Recio y Mª José Pérez, que eran las personas que habían vivido junto mí las experiencias más escalofriantes, así que esa misma tarde llamé a mis compañeros para informarles de todo.

Como apunte tengo que decir que invité a la grabación del reportaje a M.R. y J.A.R., conocidos investigadores locales en Barcelona, pero me dijeron que no querían venir porque Iker Jiménez llevaba tiempo detrás de ellos, incluso les había ofrecido una cifra económica *"impresionante"*, que prefiero omitir, por grabar tres reportajes con ellos, uno en el Tanatorio de Ceuta y dos más en lugares que no me dijeron. Según estos investigadores, habían rechazado la oferta millonaria por cuestiones de ética profesional, posteriormente supe que quizá esa supuesta oferta jamás existió.

Finalmente, ese jueves tan esperado llegó y me acerqué hasta el hotel Park de Terrassa, lugar donde Juanje había montado el set, junto a Marcos y Raúl, el cámara y su ayudante, a los cuales quiero mandar un fuerte abrazo y dejar constancia sobre estas líneas de que son unos excelentes profesionales que se desviven por su trabajo, además de unas maravillosas personas.

Esa tarde después de conocernos y tomar un refresco, nos grabaron la entrevista tanto a Fran Recio como a mí.

Al día siguiente quedé con Juanje y sus compañeros para comer al mediodía y realizar una entrevista al actor de la película "Ouija", Jaume García; además pasamos un rato charlando con él y con el director del film, Juan Pedro Ortega, fuera de cámaras.

Por la tarde, después de comer nos dirigimos hacia el misterioso edificio maldito, acompañados de una grata sorpresa, la cual nos llegó por parte de Iker Jiménez. Esa misma noche, según le comentó Iker a Juanje, íbamos a realizar una investigación en directo para el programa de radio que presenta el propio Iker Jiménez, en la Cadena Ser, Milenio 3.

Llegamos sobre las cuatro de la tarde al Hospital del Tórax, y después de presentar los permisos a la persona responsable de la entrada, comenzamos a grabar exteriores durante varias horas, para pasar posteriormente a grabar algunos recursos y planos del interior del edificio y la capilla.

Durante esas primeras horas de grabación, lo imposible se presentó ante nosotros en forma de anomalía en la cámara del reportero Juanje Vallejo, fue concretamente en el interior de la capilla. Mientras intentaba fotografiar el pentagrama que hay pintado de rojo, la cámara sufrió una contundente anomalía, apretaba el botón para realizar la fotografía y no funcionaba, por lo cual le comenté que se diese una vuelta por el interior de la Iglesia o saliese al exterior, ya que en varias ocasiones nos habíamos topado con ese fenómeno y posiblemente le funcionaría en otro lugar, así que el reportero se desplazó hasta uno de los santos que hay pintados en la pared y al tomar la fotografía, su cámara funcionaba perfectamente, por lo cual volvió a intentar registrar la imagen del pentagrama, pero su máquina fotográfica nuevamente le impedía tomar la imagen. Esto le ocurrió una decena de veces hasta que desistió de su intento al comprobar que era imposible, ya que una fuerza extraña y desconocida le impedía que fotografiase el pentagrama.

Sobre las diez de la noche, bien entrada la noche y después de habernos calmado un poco tras el suceso vivido por

Juanje, comenzamos la investigación en la mítica planta nueve, para la cual llevábamos cinco grabadoras, dos digitales, dos analógicas y una de MiniDisc, concretamente una que había sufrido alteraciones inexplicables en la planta número nueve semanas anteriores. También habíamos llevado varios termómetros, sensores de movimiento, cámaras de vídeo y fotografía con visión nocturna y luz infrarroja, brújulas y una tabla de ouija, que sería el motor principal esa noche para el registro de inclusiones psicofónicas, que quedaron registradas entre las cinco grabadoras. Un total de cincuenta inclusiones psicofónicas, cuarenta y una de ellas durante la sesión de ouija que realizamos en la capilla.

Durante la investigación en la planta número nueve nos encontramos con algo muy curioso mientras los compañeros del programa realizaban grabaciones del lugar y filmaban algunos recursos. Fue concretamente con unos termómetros que teníamos ubicados en el pasillo, justo en el que nos encontramos nada más acceder a la planta antes de entrar en la lavandería, zona que está llena de ventanas, la mayoría sin cristales, por lo cual en esa época, en pleno enero, el frío era insoportable, y los termómetros marcaban temperaturas extremas, o por lo menos eso habría sido lo lógico. Pero la causa paranormal quería continuar ,en su ímpetu de demostrarnos que esa famosa planta nueve era un lugar donde lo imposible se podía vestir de realidad en cualquier instante, ya que uno de los termómetros comenzó a ascender de temperatura de una forma absurda, hasta tal punto que se plantó en once grados, mientras que el resto de aparatos registraba en el mismo lugar entre cuatro y cinco grados, por lo cual, en un momento de absoluta ignorancia con respecto a lo que estaba pasando, saque mi ingenio y mi sentido del humor a pasear, y les dije a mis compañeros *"este termómetro está demasiado caliente, lo voy a sacar a la ventana que se refresque"*.

En ese instante no era consciente de que ese toque de humor que le había querido dar a ese instante de incomprensión se iba a volver más extremo aún, ya que después de tener apenas un minuto el termómetro en la ventana, plantando cara a la intemperie, al frio y al viento, su temperatura en vez de descender como era lógico, alcanzó la máxima de dieciséis grados, cinco más que en el interior, y once más que la temperatura ambiente real.

Después de experimentar ese fenómeno que era tan absurdo como real, comenzó el atropello de voces inteligentes salidas de la nada. Nos ubicamos en la planta número nueve, concretamente en la habitación de la derecha, justo al final de ese pasillo conflictivo donde habíamos vivido tantos fenómenos inexplicables. Allí registramos varias inclusiones tipo de paranormal, entre ellas una que decía *"muerto"*, y la ya famosa de *"a ti, Miguel"* ante mi pregunta ¿conoces a alguno de los que estamos aquí?

En esa zona de la planta nueve captamos nueve psicofonías de una claridad asombrosa, aunque en el momento de la grabación solo escuchamos in situ la de *"muerto"* al revisar un trozo de la grabación.

TERRASSA INSOLITA
MISTERIOS DEL MUNDO

MIGUEL ANGEL SEGURA
ESCRITOR Y CRONISTA DEL MISTERIO

Sobre las once de la noche bajamos a la capilla, lugar donde instalamos nuestros equipos de investigación y comenzamos una sesión de ouija, la cual resultó ser muy interesante. Además nos dejó la escalofriante cifra de más de cuarenta inclusiones de tipo psicofónica en apenas media hora, las cuales se registraron entre todas las grabadoras que llevábamos, que eran cinco. Es decir que si hacemos una media, cada grabadora habría registrado la escalofriante cifra de ocho parafonías en treinta minutos, pero lo cierto es que Fran Recio sólo consiguió captar una inclusión, Mª José Pérez nueve, y yo la impactante y terrorífica cifra de treinta y

103

una psicofonías entre mis dos grabadoras.

No sabemos a qué se debe, pero a mis compañeros les ha costado muchas horas el conseguir cada vez más registros, sobre todo a Fran, que en las primeras ocasiones no conseguía captar lo imposible, pero a medida que se iba haciendo con el lugar, esas voces inteligentes más se iban manifestando en sus aparatos, de ahí que yo siempre haya obtenido más registros, lo que nos hace intuir que la causa paranormal del lugar necesite adaptarse o conocer mejor a las personas que acuden allí en busca de obtener pruebas de la existencia de un más allá.

Durante la sesión de ouija, nos salió una entidad que decía llamarse Rosa y que estaba íntimamente ligada al pasado del hospital. Nada más comenzar la experiencia, la supuesta entidad se manifestaba con mucha fuerza y agresividad, solo repetía la misma frase, una y otra vez, *"iros de aquí"*. Nuestra presencia parecía molestarle, nos ordenaba de forma imperiosa que nos marchásemos del lugar, la verdad es que al principio todos sentíamos algo de miedo, ya que la entidad parecía controlar la sesión, y nosotros nos sentíamos apresados dentro de sus dominios, pero poco a poco, conseguimos apaciguar a la entidad y pronto comenzó a colaborar con nosotros y a respondernos preguntas. La sesión por norma general estuvo muy interesante, sobre todo cuando Rosa, la supuesta entidad, nos dejó un nombre "Sejmet" el cual ninguno de los que estábamos allí conocíamos, o por lo menos eso creíamos, ya que ante nuestro asombro e ignorancia por esa palabra descrita en el tablero, el reportero Juanje Vallejo, nos dijo que era la Diosa egipcia de la guerra, y que él, le tenía mucho cariño y aprecio, que siempre que iba a Egipto visitaba su templo. Ante estas palabras nos quedamos todos asombrados y valorando de forma muy seria si realmente estábamos hablando con una entidad inteligente externa a nosotros, cuestión que poco después dimos como muy probable.

Después de la sesión de ouija, conectó el programa Milenio 3 de la Cadena Ser con nosotros, llegando al lugar una unidad móvil. Iker Jiménez hizo esa madrugada las delicias de todos los amantes del misterio al emitir una investigación en directo para celebrar el programa número quinientos de Milenio 3.

Al finalizar la emisión del programa decidieron realizar una entrevista final a Mª José Pérez para el programa Cuarto Milenio, donde explicara la experiencia vivida en la sesión de ouija. En dicha entrevista lo absurdo volvió a plasmarse ante nosotros como una auténtica realidad. Las baterías del micrófono de la cámara del equipo de Cuarto Milenio, sufrieron anomalías inexplicables que entorpecieron la grabación de la entrevista, la cual se retrasó unos minutos hasta que pudieron solventar el problema técnico causado por algo inexplicable. En definitiva, una jornada muy intensa que se saldó con cincuenta registros psicofónicos y varios fenómenos sin explicación aparente.

Investigación con Callejeros

El próximo reportaje de televisión que realizamos tuvo nuevamente como protagonista a las cámaras de televisión de Cuatro, concretamente al programa Callejeros, acudiendo al hospital el reportero David Moreno, con el cual mantuvimos una charla bastante agradable, ya que era desconocedor de estos temas y por consiguiente bastante escéptico.

Realizamos una visita con cámara en mano por el interior del edificio mientras explicaba al equipo de Callejeros la historia del lugar y sus leyendas, además les comenté algunos fenómenos paranormales que habíamos vivido en el interior del edificio y los puse en antecedentes con respecto al tema estrella del lugar, las psicofonías. Para realizar una prueba de parafonía, nos acercamos hasta uno de los lugares más siniestros del recinto, el viejo cine, lugar que impactó a nuestros invitados por las grandes dimensiones del mismo y por su estado de abandono que trasmitía una sensación terrorífica.

Realizamos varias pruebas de corta duración, llegando a registrar una inclusión psicofónica bastante clara que decía *"muerte"*, quizás recordándonos lo que había sido ese lugar, un enorme y escalofriante lecho de muerte para miles de personas.

Para nuestra experimentación aportamos dos grabadoras digitales de reportero, una analógica también de reportero y por último una portátil.

Grabación con Visual-Beast

La productora valenciana Visual-Beast se interesó por éste enigmático edificio lleno de fenomenología paranormal como escenario principal para su documental "PSICOFO-NÍAS: Las voces desconocidas". Un trabajo audiovisual sin precedentes en Europa, ya que tratan al fenómeno desde una perspectiva seria donde registran con sus cámaras todos los momentos de la investigación, desde la captación de esas voces, hasta el análisis in situ, demostrando que las voces son reales y que la ciencia deberá indagar para buscar respuestas, las cuales a día de hoy se basan solamente en hipótesis.

En este documental intervienen grandes genios de nuestra parapsicología actual como Sinesio Darnell o Santiago Vázquezn entre otros.

La persona que se puso en contacto conmigo para realizar la grabación del documental fue el director de la productora, José Moral, aunque previamente, Santiago Vázquez me lo había comentado, por si pudiera estar interesado o no, ya que la propuesta inicial era que Santiago fuese la persona que realizara esa investigación en el viejo hospital pero, haciendo alarde de su gran corazón, le comentó al director que la persona que mejor conocía de España los misterios del Hospital del Tórax era yo, por lo cual la mejor opción era que esa parte del documental estuviese encabezada por mí y por mis compañeros de investigación.

Desde aquí quiero agradecer nuevamente a Santiago Vázquez su confianza y la postura que tomó antes el ofrecimiento de José Moral. Gracias Santiago.

El día de la grabación quedamos a las cuatro de la tarde en el hotel Park Terrassa, lugar desde donde partimos en busca del misterio, llegando al hospital a las cinco de la tarde, hora en la que comenzamos la grabación por las zonas externas, pasando a filmar también en el interior de la capilla, lugar que impactó de tal modo a José Moral que decidió no entrar en el interior del edificio. Según nos describió el director, dentro de la capilla había sentido una sensación terrible, como jamás había percibido antes, no era miedo, según sus palabras, era negatividad, mal rollo, angustia: no sabía describirlo bien.

Esto me extrañó en exceso, ya que José Moral había formado parte de cuerpos de élite militar y comandos especiales, por lo cual era una persona muy preparada para afrontar los lugares más inhóspitos que podamos imaginar. Pero según sus escalofriantes palabras, la sensación que percibía en el interior de la capilla, era de algo negativo procedente de otro mundo o de otra realidad a la nuestra, algo que no conseguía describir y que lo presionó de tal forma que después de realizarme una entrevista en el *hall* del hospital, se tuvo que marchar al hotel a descansar.

Antes de toparnos con esta terrorífica situación, otro de los acompañantes de José Moral se negó incluso a acercarse a los alrededores del hospital, quedándose desde el primer instante en la zona de la garita de vigilancia.

Después de grabar en el interior del cine la primera sesión psicofónica, donde ya obtuvimos resultados positivos, llegando a escuchar y a analizar in situ una voz salida de la nada que decía claramente *"lo mataré"*. Salimos nuevamente fuera, donde estaban José Moral y su compañero, los cuales tomaron la determinación de regresar al hotel y nos dejaron solos con el cámara, José Luis y el fotógrafo; según me comentaron posteriormente, el mejor captador de instantáneas de Valencia.

Como apunte les puedo decir que entre el equipo comentaban las extrañas sensaciones del lugar y decían que si ese era su trabajo deberían acostumbrarse a estar en lugares similares.

Todo el equipo de Visual-Beast se marchó a cenar y nos invitaron a acompañarles, pero preferimos quedarnos en el lugar, ya que habíamos comprado sándwiches, langostinos, patatas chip y refrescos. Queríamos cenar en el lugar y, mientras regresaban de la cena nuestros compañeros, realizar una sesión de ouija, ya que inicialmente descartaron esa opción como método para registrar inclusiones psicofónicas, lo que ocurre es que después de ver la impresionante sesión que estábamos realizando optaron por jugársela y saltarse las indicaciones de su director grabando la sesión en sus cámaras.

Al comenzar la sesión de ouija, nos salió una entidad que decía llamarse Petra, a la cual rápidamente le cogimos mucho aprecio ya que con posterioridad nos comenzó a salir con mucha frecuencia, siendo la entidad que más fuerte se comunicaba y que más evidencias nos daba de la existencia de un más allá, además de dejarnos muy claro que en la ouija en ocasiones se manifiestan inteligencias externas a los presentes.

Petra comenzó a desplazar el máster por el tablero con gran fuerza y a gran velocidad, dejándonos destellos de agresividad a la hora de pararse con contundencia y en seco cuando marcaba una letra

o un número.

La sesión, desde el primer instante, a pesar de su fuerza y agresividad, transcurrió en un tono amigable, incluso de humor por parte de la entidad en determinados momentos; por lo cual el ambiente era perfecto, todos nos sentíamos a gusto y relajados, soltando algunas carcajadas cuando Petra hacía alarde de su sentido del humor.

Cuando José Luis y su compañero se personaron en el lugar, la ouija comenzó a hablarnos del cámara, diciéndonos cosas muy personales suyas y en las que acertaba de lleno. Por lo cual, éste decidió grabar la sesión, en la que nos dijo, entre otras cosas, que el cámara quería ser actor, que en breve iba a rodar un cortometraje. También hizo un recorrido por detalles muy personales que solo él conocía, nos dijo opciones y funciones de su cámara que ninguno de los que teníamos el dedo en el máster conocíamos. Fue una sesión espectacular por la que José Luis, desde ese día, vio al fenómeno de la ouija y, por supuesto, el de las psicofonías, con otros ojos, sabiendo que detrás de ellos existe una apasionante realidad.

Otras de las personas que cambiaron su visión del fenómeno, ya que hasta entonces era un completo escéptico, era mi buen amigo, desde ese día, Toni García; que vinculado al hospital, coincidió con nosotros allí y se apuntó a la sesión de ouija, en la que, por cierto, nos ocurrió otro fenómeno que nos puso la piel de gallina, ya que después de pedir a la entidad que apagara una vela que teníamos encendida, saltó el máster del tablero y comenzó a dar vueltas acercándose a la vela, hasta que intentamos levantar los dedos para detener el máster y no tirar la vela con nuestras propias manos, entonces en ese instante y durante varios segundos fuimos incapaces de levantar los dedos de la anilla. Era como si una fuerza magnética no nos dejara separar nuestro dedo de la anilla de madera.

Toni, en primera instancia pensó que alguno de nosotros apretaba la anilla, pero rápidamente reflexionó y dijo: *"vale ellos pueden apretar, pero ¿mi dedo quién lo aprieta? Porque yo tampoco puedo despegarlo de la anilla".* Y es que tuvimos durante varios segundos, los dedos literalmente pegados a ese trozo circular de madera.

Después de vivir diferentes situaciones escalofriantes en la sesión de ouija, decidimos pedirle a la entidad que nos guiara por las zonas donde debíamos ir a grabar psicofonías, dejándonos en el tablero el número 5 y 7 como plantas del edificio donde debíamos subir, ya que esa sesión la estábamos realizando en la planta número tres. Además, nos dijo que en esas dos plantas nos dejaría registradas cuatro psicofonías y, efectivamente, así fue. Conseguimos cuatro excelentes inclusiones psicofónicas.

La jornada de investigación y filmación del documental estaba siendo excelente, todos los presentes despedíamos una felicidad desmesurada, ya que el fenómeno nos estaba mostrando su cara más misteriosa, así que decidimos matar la noche acudiendo a lugar más caliente y con más actividad paranormal del edificio, la enigmática planta nueve.

Nos ubicamos en el pasillo típico del final, el que da acceso a la habitación que antecede a los túneles de la monja, llamados así porque en él se rodó la película "La Monja" y durante mucho tiempo, en la puerta, había estado colgado un cartel que decía "RODAJE LA MONJA… FILMAX".

Al final del pasillo, y encarado hacia la habitación que da acceso a los túneles ubicamos un detector de movimiento. Anteriormente habíamos revisado toda la zona para asegurarnos de que estábamos completamente solos. En mitad del pasillo colocamos encima de una silla con bracera todas nuestras grabadoras. Mientras realizábamos preguntas al aire, lanzábamos instantáneas con nuestras cámaras de fotos y grabábamos imágenes en vídeo, cuando en un momento de silencio, escuchamos murmullos que provenían de la zona de los túneles, los cuales no tienen otro que acceso que por donde estábamos nosotros, además no tienen ventanas ni agujeros que den acceso al exterior, lo cual descarta que puedan provenir de fuera, ni de la zona de la Pineda, ya que se encuentra en el ala opuesta y solo abarca la planta uno y dos del edificio. Como aclaración les diré para aquellos que consideran que esos sonidos pueden provenir de los enfermos mentales, que sepan que por las noches están dormidos o sedados, y que jamás se escuchan; aunque claro, para los escépticos es una baza muy importante para justificar las psicofonías o las mimofonías que se manifiestan en el lugar, pero les aseguro que no es así, yo en más de tres años de investigación sólo he escuchado a los enfermos en cuatro o cinco ocasiones y siempre desde la capilla o la Jungla. Jamás en el interior del edificio. Además es imposible que se escuchen, ya que el lugar es inmensamente grande.

Después de escuchar esos murmullos y quedarnos todos asombrados, sobre todo José Luis, su compañero y Toni, que era la primera vez que lo escuchaban, decidimos ponernos a grabar; cuando el detector de movimiento que habíamos instalado comienza a pitar y nos alerta de alguna presencia en el lugar, que se muestra invisible a nuestros ojos. En ese instante, Mª José, Fran, Toni y yo, notamos como si alguien pasara por nuestro lado, como si nos rozase, incluso Fran hizo el movimiento de giro, como si alguien lo tocara. Nos quedamos todos asombrados y desconcertados, pero lo que más nos impactó fue cuando el cámara le dijo a Fran *"oye, me has pisado"* a lo que Fran respondió *"¿Yo? Pues no me he dado cuenta, juraría que yo no te he pisado"*.

Aquello nos dejo pensativos, hasta que Toni nos aclaró el tema: *"mirad el suelo, está lleno de polvo y yeso de las obras. Si lo has pisado le tienes que haber dejado huella en el zapato"*. Así que miramos el zapato de José Luis y estaba sin ninguna marca de suela, así que Fran cogió y le piso encima del otro zapato al cámara. Cuando alumbramos con las linternas nuestro asombro creció hasta tal punto que nos miramos desconcertados, ya que la huella del zapato de Fran se había plasmado perfectamente sobre el zapato del cámara. Se deduce de esto que Fran no le había pisado cuando sonó el detector de movimiento y todos percibimos la presencia. ¿Pasó algo realmente por allí que no vimos y pisó a José Luis?

Esa noche pasó a la historia de la investigación, además conseguimos registrar decenas de psicofonías de una claridad asombrosa.

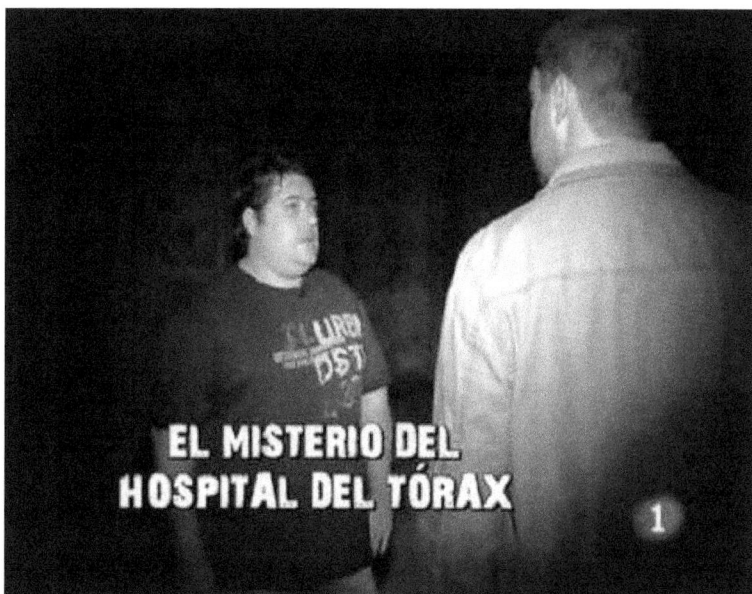

Investigación ouija con Comando Actualidad (TVE)

Los presentes ese día éramos Fran Recio, Toni García, Simone, María José Pérez y un servidor, Miguel Ángel Segura. Lo que aconteció en la capilla durante la ouija fue que nos dio una serie de datos que los participantes en esa sesión desconocíamos, datos como el nombre del objetivo de la cámara, Leika. Posteriormente, ante la incredulidad del reportero, la ouija dijo mediante el tablero que si quería más pruebas, ante la afirmación del reportero de Comando Actualidad, la cámara comenzó a fallar y la ouija dijo exactamente que estaban fallando *"el audio y la pista dos"*, antes de que el operador de cámara nos lo comunicara a nosotros. Fue una noche muy intensa que para nada se vio reflejada en el reportaje que emitieron, en el que solo dieron una breve pincelada a lo que allí dentro ocurrió, sucesos que al salir comentaban entre el operador de cámara y el reportero con frases como *"esto es la primera vez que me pasa"* o *"esto no me ha pasado en ningún sitio, no puede ser verdad"*.

OTRAS INVESTIGACIONES

Hemos pasado innumerables noches en busca de captar lo insólito en el viejo Hospital del Tórax, en muchas de ellas el fenómeno que denominamos paranormal se ha presentado ante nosotros con diferente tipo de manifestaciones, son más de cien personas las que me han acompañado en alguna ocasión en mis investigaciones en el Hospital, estando presentes la mayoría de ellas cuando algún fenómeno catalogado dentro de lo paranormal se ha presentado ante nosotros, por lo tanto sería imposible detallar todas las investigaciones realizadas en el lugar dentro de este libro. Además, se podría hacer demasiado monótono para nuestra lectura, aunque por otro lado les diré que cada psicofonía captada, cada suceso paranormal vivido, cada sensación percibida, cada investigación realizada, es totalmente diferente a la anterior. Por muy similares que sean los fenómenos que se manifiestan, cada uno arrastra detrás una historia diferente y, por lo tanto, nada tienen que ver entre sí. De todas formas profundizaremos en aquellas investigaciones más destacables e interesantes para finalmente ondear también en aquellos sucesos destacables vividos por nuestros compañeros y amigos, durante sus visitas o investigaciones.

Fran, Mª José, Toni García y Miguel Ángel Segura.

Este es sin duda el mejor equipo con el que he podido trabajar en el ámbito de lo paranormal, además de mis compañeros Daniel y Carrasco, que más adelante conocerán.

En las investigaciones realizadas con estos tres compañeros hemos sido testigos de fenómenos escalofriantes. Hemos palpado el misterio en su estado más puro, llegando a resolver preguntas imposibles. Y nuestras experiencias han sido muy positivas dentro del mundo paranormal. Hemos realizado decenas de investigaciones, habiendo registrado cientos de psicofonías, además de fenómenos paranormales de efecto físico, visual o auditivo, entre otros. Paso a relatarles algunos de esos momentos vividos por los cuatro donde la tensión llegó incluso a hacer mella en todos nosotros.

Las mejores sesiones de ouija que he realizado han tenido como compañeros a Fran Recio, Toni García y Mª José.

Podríamos decir que excepto una, en la que además de estos tres compañeros estaban los amigos Isaac Godoy y Sandra Márquez.

En ellas hemos vivido situaciones de todo tipo, desde momentos escalofriantes y terroríficos, hasta situaciones asombrosas o surrealistas. Pero sobre todo ha habido algo que nos ha marcado y mucho: ha sido la estrecha relación que hemos llegado a crear con una supuesta entidad llamada Petra, la cual se ha mostrado ante nosotros de una forma amistosa, pero no por eso crean ustedes que las sesiones con esta entidad han sido relajadas, más bien todo lo contrario. Cuando Petra estaba con nosotros, el máster se movía a gran velocidad, como jamás anteriormente había presenciado ninguno de nosotros, parándose en seco y con gran agresividad y contundencia encima de las letras que quería marcar en el tablero, para dejarnos sus mensajes. Era tan agresiva y característica su forma de moverse en el tablero y deletrear las palabras que siempre sabíamos si realmente estábamos hablando con esa entidad que decía llamarse Petra

o si por lo contrario era otra entidad que se quería hacer pasar por ella, situación con la que nos encontramos en varias ocasiones, llegando a discernir fácilmente entre la verdadera Petra y sus patéticos imitadores.

Durante las sesiones con nuestra ya amiga Petra hemos recibido informaciones muy valiosas sobre datos que desconocíamos relacionados con el Hospital, pero lo que más ha llamado nuestra atención es que además de guiarnos en numerosas ocasiones por los lugares donde debíamos ir a grabar psicofonías en el interior del hospital, nos trataba de una forma muy poco común, estableciendo conversaciones con nosotros amistosas y con mucho sentido del humor. Parecía una más del grupo, encajando con nosotros desde el primer instante, es como si conociésemos a Petra de toda la vida.

Durante esas sesiones de ouija nos hemos topado, además, con un fenómeno muy común dentro del Hospital como hemos comentado anteriormente: los detectores de movimiento que suenan de forma inexplicable sin que nada ni nadie entre en su campo de control. Pues en algunas de estas sesiones ante el tablero maldito, nos ha ocurrido algo muy significativo con estos sensores que teníamos instalados y es que, como digo, en diferentes sesiones de ouija, cada vez que entraba o salía una supuesta entidad de la sesión, los detectores de movimiento nos alertaban de una presencia que no éramos capaces de ver. En varias ocasiones, además de los sensores habíamos instalado cámaras de vídeo grabando los aparatos y el ángulo de campo que controlan, dejándonos perplejos al revisar las grabaciones y observar detalladamente que nada físico había inferido en el campo de visión que tenía controlado el sensor de movimiento cuando estos habían sonado.

En una ocasión, después de presenciar atónitos como uno de los detectores sonaba de forma inexplicable, Fran Recio se quedó blanco y al ver su cara le preguntamos todos qué le pasaba, pero nuestro compañero no quería responder, decía que no le íbamos a creer, que, según finalmente nos explicó, después de escuchar el pitido del volumétrico, pudo ver como una sombra entraba en la habitación del final del pasillo, y es que nos encontrábamos en esa enigmática planta nueve. Como apunte les puedo decir que todo esto sucedió cuando una supuesta entidad manifestó en el tablero que se marchaba diciéndonos adiós. ¿Casualidad que en ese instante suene el detector de movimiento y que Fran vea claramente una sombra que se marcha del pasillo? La verdad es que para mí, a día de hoy, las casualidades dentro de ese misterioso edificio no existen, y menos las que arrastran consigo un punto de irracionalidad como esta.

También durante estas sesiones con el mal llamado juego de la ouija hemos sido guiados por supuestas entidades, entre ellas Petra, para que acudiésemos a registrar inclusiones psicofónicas por determinadas zonas del inmueble, llegando en ocasiones a ser muy productivas estas indicaciones. Aunque en otros momentos nos sentíamos manipulados por éstas entidades que nos tenían subiendo y bajando escaleras sin que llegáramos a conseguir resultados positivos. Recuerdo una ocasión en la que nos enviaron desde la planta tres hasta la planta número nueve; desde lo más alto del edificio a la planta más baja, desde ahí a la número seis, luego otra vez hacia abajo, a la planta número uno y así durante varias horas. Hasta que finamente, después de dar más vueltas que una noria sin obtener resultados positivos, decidimos abandonar el juego al que nos habíamos embarcado al hacer caso a esas entidades que se habían manifestado esa noche en el tablero ouija.

Este jueguecito se repitió en las siguientes sesiones que realizamos en días posteriores, hasta que decidimos omitir y no hacer caso a este tipo de "ayudas", ya que las entidades que se manifestaban parecían haber cogido por costumbre reírse de nosotros haciéndonos subir y bajar por todo el edificio sin que llegáramos a ser testigos de grabaciones paranormales.

Otro de los fenómenos más comunes que hemos vivido los cuatro ha sido también en esa planta número nueve, donde hemos escuchado en numerosas ocasiones murmullos o gritos de mujeres procedentes de los túneles de la Monja, en ocasiones esos murmullos comenzaban a producirse después de que los detectores que teníamos enfocando ese campo de visión comenzaran a alertarnos de extrañas presencias. Ese lugar siniestro es uno de los más terroríficos, donde las personas que visitan el lugar suelen negarse a pasar a no ser que vaya un grupo considerable de compañeros. Aunque, por norma general, siempre alguno de ellos prefiere no adentrarse en su interior, es como si esas cuevas de ladrillos trasmitiesen una sensación terrorífica a sus visitantes.

Las anomalías en los aparatos que llevamos a nuestras investigaciones es otro de los fenómenos comunes que hemos experimentado cuando nos hemos juntado los cuatro para investigar, desde cámaras de fotografía que no funcionan en determinadas zonas, linternas que se quedan sin batería inexplicablemente, hasta portátiles que funcionan a su antojo o la grabadora nueva que compró Fran Recio en Italia. Una Sony de bobina abierta, de esas antiguas, estilo Revox, que se la llevó al Hospital del Tórax para grabar con ella por primera vez, llevándose un gran susto, ya que le había costado una suma importante de dinero y la grabadora no funcionaba: no le dejaba grabar, por lo que el bueno de Fran vivió unas horas de desesperación, creyendo que había adquirido por Internet un producto defectuoso. Pero finalmente todo quedó en un susto, en una broma caprichosa por parte de la causa paranormal, ya que nada más salir del recinto del Hospital, la grabadora funcionaba perfectamente.

Aparte de todos estos fenómenos a los cuales le hemos dado una breve pincelada, nos encontramos con otro fenómeno, el fenómeno estrella, sin duda alguna. Hablo lógicamente de las psicofonías, dejándonos en muchas ocasiones perplejos al observar en mitad de todos eso fenómenos que hemos mencionado cómo voces salidas de la nada se suman a las manifestaciones paranormales para dejarnos respuestas claras y coherentes a nuestras preguntas. Esto ha creado en todo el equipo situaciones muy tensas: solo tienen que imaginarse que presencian cualquier fenómeno de efecto físico y para más desconcierto aún, al revisar la grabación, se encuentran con voces de todo tipo, desde voces que responden a preguntas coherentemente hasta insultos, amenazas o voces imperiosas que quieren a toda costa que abandonen el lugar. Un fenómeno impactante que crea un enorme desconcierto en todos aquellos que lo presencian.

Cristina Aliaga, José Ramírez y Miguel Ángel Segura.
Otra de las grandes noches dentro del Hospital del Tórax, en la quepude hacer realidad los sueños de una amante del misterio, tuvo como escenario la planta número cuatro del viejo edificio.

Había recibido el correo electrónico de Cristina, una antigua compañera de trabajo, quien me comentó que le entusiasmaban estos temas y que me había visto en alguno de los programas de televisión en que había salido. Así quehabía decidido buscarme para decirme que le encantaría acompañarme en una de mis visitas al Hospital del Tórax y por eso preparé una visita para que conociera el lugar y posterior-

124

mente realizar alguna experimentación.

En el día elegido para enseñarle el lugar decidió acompañarme también José Ramírez, lo cual me pareció una idea genial, ya que al ser una persona más, Cristina se sentiría más arropada ante ese viejo edificio, que puede llegar a crear sensaciones de verdadero terror a las personas que se adentran por primera vez, sobre todo si el grupo está formado por un número reducido de miembros.

Nuestra jornada comenzó en una visita por todo el edificio, enseñándole a Cristina los lugares más significativos del lugar, como la emisora de radio, el cine, los restos humanos y las muestras de sangre que hay en la planta cinco. El túnel de la Monja, el pasillo maldito de la planta número nueve y, como no, haciendo un extenso recorrido por aquellos lugares que aún muestran restos de escenarios de algunos filmes que se han rodado allí. Una vez terminamos nuestro recorrido y Cristina pudo ver las zonas más interesantes del Hospital, decidimos ubicarnos en la planta número cuatro para realizar grabaciones de tipo psicofónica, mientras instalamos un detector de movimiento en el largo pasillo seleccionado para llevar a cabo nuestra experimentación.

Esa noche, además, contábamos con varios termómetros, los cuales comenzaron a marcar cambios bruscos de temperatura de una forma asombrosa, como en pocas ocasiones nos habíamos encontrado en el interior del edificio, ya que no ha llegado a ser uno de los fenómenos más intensos, aunque existen varias zonas donde la temperatura aumenta en exceso aun teniendo las ventanas abiertas en invierno. Una de esas zonas es la planta cuatro, en una inmensa habitación donde aún podemos observar parte del escenario de la película *Frágiles*. Otro de los fenómenos que esa noche nos perturbó fue el ritmo sonoro del detector de movimiento, que sonó cuatro o cinco veces en apenas unos minutos, hasta que decidimos desinstalarlo, ya que el sonido entorpecía la grabación de psicofonías que estábamos realizando, llegando a registrar varias inclusiones, algunas llamándome por mi nombre e interactuando conmigo.

Con José Ramírez son numerosísimas las incursiones que he realizado al interior del Hospital del Tórax, además de esa mágica noche que compartimos junto a Cristina Aliaga; en las cuales, además de frecuentar la manifestación de los fenómenos paranormales ya comentados junto con otros compañeros y los que comentaremos posteriormente también en presencia de otros amigos, hemos vivido situaciones cuando estábamos los dos solos. Incluso alguna de auténtico terror, en la que tuvimos que abandonar el Hospital porque el miedo se apoderó literalmente de nosotros.

El primer fenómeno que viví junto a José Ramírez sucedió en la mítica planta número nueve, donde escuchamos justo detrás de nosotros varios pasos de tacones y al girarnos no había nadie, estábamos completamente solos, y la única habitación en que podría haberse escondido una persona, de haber sido la causante de esos pasos, estaba completamente vacía y no tiene acceso a ningún otro lugar del hospital. La única posibilidad hubiese sido que de ser alguien físico debería haber saltado por la venta desde esa novena planta para evitar que lo viésemos, lo cual es imposible.

También en la planta número uno nos ocurrió algo similar pero en esta ocasión el único testigo fue José, que salió de un pasillo hacia la escalera central, donde yo estaba grabando con mi cámara de vídeo diferentes planos del interior del edificio para decirme con la voz temblorosa que justo detrás suyo había escuchado pasos, sin que hubiese nadie. El impacto que le creó a José este suceso fue de tal calibre que salió corriendo por el pasillo hasta llegar a la escalera central donde estaba yo.

Volviendo nuevamente a la planta número nueve, tengo que decirles que en nuestras visitas al lugar tratábamos de aprovechar el tiempo en ver minuciosamente aquellos detalles que se nos podían escapar durante nuestras investigaciones, fuimos testigos en diversas ocasiones del sonido muy particular que suele proceder de ese túnel misterioso, el cual es idéntico a los murmullos de mujeres, en ocasiones parecido a gritos susurrantes.

También en esa planta número nueve, junto a José, viví

una de las dos escenas más terroríficas que he tenido el amargo placer de percibir en mis carnes en el interior del edificio.

Era una noche de tormenta y de mucho viento, haciendo alarde de nuestro ingenio e intuición, reflexionamos sobre la posibilidad de que en una noche así no acudiría nadie al lugar. Tenemos que tener en cuenta que esto ocurrió en los últimos meses de investigación, cuando el recinto ya parecía las Ramblas de Barcelona, por la gente que entraba en su interior en busca del misterio o en busca de otras cosas menos agradables como realizar destrozos o hacer el vándalo. Por lo cual, encontrar una noche sin más presencia humana que nosotros era algo muy preciado, así que decidimos adentrarnos para palpar nuevamente el misterio.

Entramos al edificio pasada la medianoche, desde la planta baja hasta la número nueve no paramos de escuchar la terrorífica tormenta, los truenos retumbaban de una forma aterradora, las puertas y ventanas golpeaban con una tremenda fuerza, los plásticos, papeles, cartones y todo lo que era alcanzado por el tremendo aire producía un ruido estridente que creaba un ambiente de auténtico pánico. Nuestras miradas no paraban de cruzarse y nuestros gestos con la cabeza nos indicaban mutuamente que estábamos muertos miedo. Fue tal el impacto que nos creó esa situación provocada por el miedo que, una vez ubicados en la planta número nueve decidimos abortar nuestra investigación, no llegamos ni a poner nuestras grabadoras en marcha, ya que estábamos completamente sugestionados y no seríamos capaces de discernir la causa de cualquier manifestación que pudiese producirse. Ese fue el día que más miedo pasé en el Hospital del Tórax, junto a la única vez que me atreví a entrar completamente solo a las cuatro y media de la madrugada, cuando golpes inexplicables estuvieron acompañándome durante todo el rato sin que esa noche hiciese nada de viento, ni siquiera una leve brisa.

Carrasco, Dani, José y Miguel Ángel Segura.
Junto con mis compañeros Carrasco y Dani he vivido alguno de los mejores momentos dentro del Hospital del Tórax, en los que las cosas más imposibles se han presentado ante nosotros para dejarnos claro que los fenómenos paranormales son una tremenda realidad. Juntos hemos creado un nexo de unión, al igual que el que creé con Fran Recio, Mª José Pérez y Toni García. Esta unión amistosa es sin duda el motor vital que trasmite algo especial a esa causa paranormal para que se manifieste. Y es que parece gustarles, se siente cómoda y feliz cuando nos presentamos en su vieja morada para intentar establecer contacto con ellos, lo que por norma general no suele tardar demasiado en suceder.

Son muchas las situaciones y experiencias extraordinarias que hemos disfrutado juntos, como si de un equipo de fútbol se tratase, ganando títulos; ya que la mayoría de noches que hemos pasado allí han sido grandes momentos especiales, de los que hemos salido triunfantes y victoriosos, gracias a la causa paranormal que habita en el hospital, la cual se ha mostrado ante nosotros, regalándonos el trofeo más preciado que podíamos recibir, que no es otro que la satisfacción de saber que en ese otro lado nos escuchan y nos tienen por buenas personas, ya que intentamos ayudarles y divulgar su existencia en nuestro mundo.

Voy a relatarles ahora una serie de experiencias vividas con estos compañeros, aunque mejor prefiero llamarlos amigos, ya que en realidad es lo que son en la actualidad para mi y es que el misterio, el Hospital del Tórax y sus fenómenos han hecho que vivamos tantas emociones y tantos momentos especiales que, actualmente, la amistad entre nosotros es mucho más valiosa que cualquier otra cosa.

Una de las míticas noches que vivimos en el Hospital se remonta hasta el verano de 2007, cuando nos adentramos una tarde en el edificio con cámara de vídeo en mano y grabadoras de audio. Queríamos captar lo extraño y decidimos ubicarnos en la planta número seis, concretamente en una habitación que tenía en la pared un pentagrama diseñado con cinta adhesiva. Seleccionamos el lugar simplemente porque ese pentagrama le daba un toque interesante al vídeo que estábamos grabando y podría meter más en situación a las personas que posteriormente visionaran el vídeo, ya que la televisión tiene que rodearse de pequeños detalles, igual que ocurre con la radio, para introducir al espectador o el oyente dentro de la secuencia que están presenciando. Recuerdo una crítica que recibí en una ocasión porque la música que había puesto en el reportaje de un vídeo, según el crítico, predisponía al espectador a percibir sensaciones de terror. Mi respuesta fue obvia: de eso se trata, tienes que meter al espectador en situación. Si no añadimos un ambiente ideal será imposible que el espectador pueda percibir las mismas sensaciones que nosotros teníamos en ese instante, ya que si dejamos el vídeo sin una música que nos meta en situación no podremos conseguir nuestro objetivo, que no es otro que trasmitir las mismas sensaciones que vivimos nosotros durante la investigación, para así hacer partícipe de nuestras emociones al espectador.

En esa habitación de la planta número seis registramos en nuestra grabadora, ante la pregunta que formulamos previamente *"¿cuántos somos?"* una voz que parecía decir *"cero"* pero no entendíamos claramente esa voz, por lo cual se abrió un debate entre los presentes, concluyendo en que cada uno llegaba a entender un contenido distinto.

Lo verdaderamente impactante ocurrió en la cámara de vídeo que estaba registrando toda nuestra sesión de psicofonías, ya que se coló en ella una voz espeluznante, quizá la voz más terrorífica que hayamos registrado en el hospital, una voz grave, masculina, y con tu tono muy terrorífico, parecía una voz de ultratumba que, para mayor desconcierto, interactuaba con nosotros, ya que se entromete en nuestro debate, para decirnos en referencia al contenido de la psicofonías *"no sé si es cero, cinco o seis"* aportando así su opinión sobre el posible contenido de la psicofonías que habíamos captado.

Unos segundos después, en el vídeo se puede observar como un fogonazo de luz (era completamente de día) entra en el campo de visión de la cámara adueñándose de la zona derecha inferior. Era como una extraña energía amarilla consistente que parecía tener un volumen denso.

Esos fueron los primeros fenómenos que presenciamos durante esa jornada de tarde en el viejo edificio, ¿pero creen que fue lo único? No, amigos lectores, comenzaron a suceder tal cantidad de situaciones absurdas, que nuestra investigación diurna se alargó hasta altas horas de la madrugada, teniendo que terminar la investigación, porque un compañero que se incorporó de noche sufrió un tremendo ataque de sugestión, o no, pero los síntomas eran claros y evidentes: parecía estar bajo los efectos de la sugestión. Todos estábamos aterrorizados con la situación, pero ocurrió algo que nos trasladó hacia la duda, ya que este compañero, que prefiere permanecer en anonimato, asegura que delante de nosotros en una de las esquinas que había en la habitación se encontraba una mujer. Al intentar calmarlo nos dijo que hiciésemos una fotografía. ¿Saben que ocurrió? Que las dos cámaras fotográficas que utilizamos para captar la instantánea se bloquearon y no funcionaban. Pasados cuatro o cinco segundos de forma inexplicable, ambas lanzaron la fotografía simultáneamente.

Una vez que salimos de esa planta número seis, en la que el pentagrama adornaba la habitación dándole un toque de terror, decidimos subir hasta lo más alto del edificio, parándonos por determinados lugares a realizar fotografías. Hasta que llegamos a la planta número ocho, donde José Colomé nos señaló hacia una zona de esa escalera, lugar donde había registrado tiempo atrás una cara perfecta, donde se veía según nos relató, una fisonomía perfecta, con todos los detalles, ojos, nariz, boca y orejas.

Al llegar a la planta número nueve nos encontramos con un fenómeno de mimofonía, es decir, la imitación de un sonido que en realidad no se produce, ya que escuchamos de forma muy clara el sonido del funcionamiento del ascensor, quedando registrado en nuestra cámara de vídeo. Lo que nos llamó la atención fue que estando en la zona oeste, saliendo de los cuartos de las monjas, escuchamos todos atónitos el funcionamiento del ascensor. Un sonido que provenía de la zona este, así que rápidamente salimos corriendo hacia el otro extremo de la planta, para llegar al lugar de donde había provenido el sonido, quedándonos descompuestos al ver que en ese lugar no había ningún ascensor. ¿Cómo era posible que conociendo el lugar como la palma de nuestra mano nos hubiésemos olvidado por un momento de que en la planta nueve no hay ascensor? Lo cierto es que nos despistamos por unos instantes buscando el ascensor, hasta que le dije a mis compañeros que en la planta nueve no hay ascensor. Entonces comenzaron las risas de mis compañeros *"¡Hala! Es verdad, en la nueve no hay ascensor"*.

Mientras nos reíamos de nuestro despiste, algo nos dejó nuevamente paralizados, cortando ese murmullo de risas que habíamos creado, y es que nuevamente apareció el sonido del ascensor, en esta ocasión, provenía de la zona opuesta, de donde nos encontrábamos antes, la zona oeste, así que desconcertados fuimos nuevamente hasta el otro ala de la planta pero, como ya sabíamos allí no había ningún ascensor.

Estos sonidos se repitieron en varias ocasiones más. Cada vez que se escuchaba, provenía de la zona contraria a donde estábamos… quizás nuestros amigos del más allá tenían ganas de jugar con nosotros ese día.

Finalmente bajamos planta por planta hasta llegar a encontrar las plantas donde estaban los ascensores abiertos para descartar lo que ya era evidente, que ese sonido no procedía de esas máquinas. Además, en esa época no había corriente en el interior del edificio, por lo cual no existía ninguna fuente energética que pudiese suministrar electricidad a los ascensores.

En meses sucesivos los fenómenos de todo tipo continuaron apareciéndose a decenas de visitantes y compañeros del misterio, ocasiones en que los fenómenos de clariaudiencia, las mimofonías o la estremecedoras psicofonías seguían haciendo acto de presencia: pero, sin duda, el testigo estrella fue Fran Córcoles, quien a día de hoy es la persona que más fotografías de tipo paranormal ha registrado en el lugar.

CONCLUSIÓN

Tras cuatro largos años de investigación, reflexión, y una continua batalla entre lo racional y lo imposible, he llegado a barajar una hipótesis con respecto a lo que puede acontecer en este lugar lleno de misterio y de locura irracional.

Sin duda, partimos de una base afincada a nivel histórico dentro de los grandes patrones que contemplan los casos de casas encantadas en el mundo; un patrón que nace de ese sufrimiento, de ese dolor, de esa muerte y, en definitiva, de esa extrema carga emocional que impregna este tipo de lugares. Incluso me atrevería a decir algo más que, después de esta investigación, considero que, probablemente, en muchos de los centros hospitalarios activos hasta la fecha pueden estar sucediendo cosas inexplicables que sean motivo de rumores internos entre los propios trabajadores. De hecho, yo estuve trabajando cerca de un año en un hospital de Cataluña, y esto que comento se repetía de forma continua y constante.

Volviendo a mi hipótesis sobre lo que sucede en el Hospital del Tórax de Terrassa, es que todos aquellos suicidios, muertes y situaciones extremas han dejado una fuerte impregnación en todo el recinto del viejo hospital. Impregnaciones que, en demasiadas ocasiones, se manifiestan de forma inteligente ante la atónita mirada de los intrusos (visitantes).

Como en todo fenómeno paranormal, o en la mayoría de ellos, necesitamos tres factores para que lo imposible se presente ante nosotros: El primero de ellos es que en el lugar exista esa gran carga emocional de la que hablamos. El segundo factor es la presencia de una persona con capacidades sensitivas (normalmente esta persona no es consciente de su capacidad; hasta es posible que ni crea en este tipo de fenómenos, pero tiene una habilidad para actuar de involuntaria receptora en estos casos). Lo paranormal haría función emisora, es decir, emitiría una serie de frecuencias que el receptor canaliza y transforma en cualquier tipo de fenomenología paranormal, dependiendo de su capacidad; por eso en ocasiones nos percatamos de que dependiendo de qué persona viene con nosotros, captamos más psicofonías, las sesiones de ouija son mucho mejores, tomamos más fotografías extrañas, o incluso presenciamos más fenómenos de índole física.

Según mis experiencias y las de mis propios compañeros, yo tendría esa capacidad para canalizar la causa paranormal y transformarla en psicofonías, ya que cuando estoy presente en las investigaciones, los registros psicofónicos son espectaculares. Sin embargo, para el tema de la ouija no sirvo. Tiene que venir mi compañero Fran Recio, que en este caso es la persona canalizadora.

Para que se cumpla el tercer factor es necesario que el emisor (causa paranormal) y el receptor (canalizador) se sintonicen. Aquí influyen varias cuestiones, todas a nivel sensitivo y emocional (desde nuestro estado anímico hasta nuestra energía o nuestro estado de salud en ese momento). Por eso, en ocasiones llegamos a conectar con la causa paranormal y presenciamos un festival de fenómenos, pero en otras no presenciamos nada anómalo en ese mismo lugar.

Si usted quiere comprobar si tiene alguna de esas habilidades, sólo puede hacer una cosa: Plantar cara al misterio y acudir a una investigación de campo. Si decide hacerlo, ya sabe, solicite permiso o acuda a un lugar libre de acceso. El misterio es escurridizo, pero está esperando en ese otro lado a que vayamos en su búsqueda.

Más imágenes del hospital

Otros libros recomendados

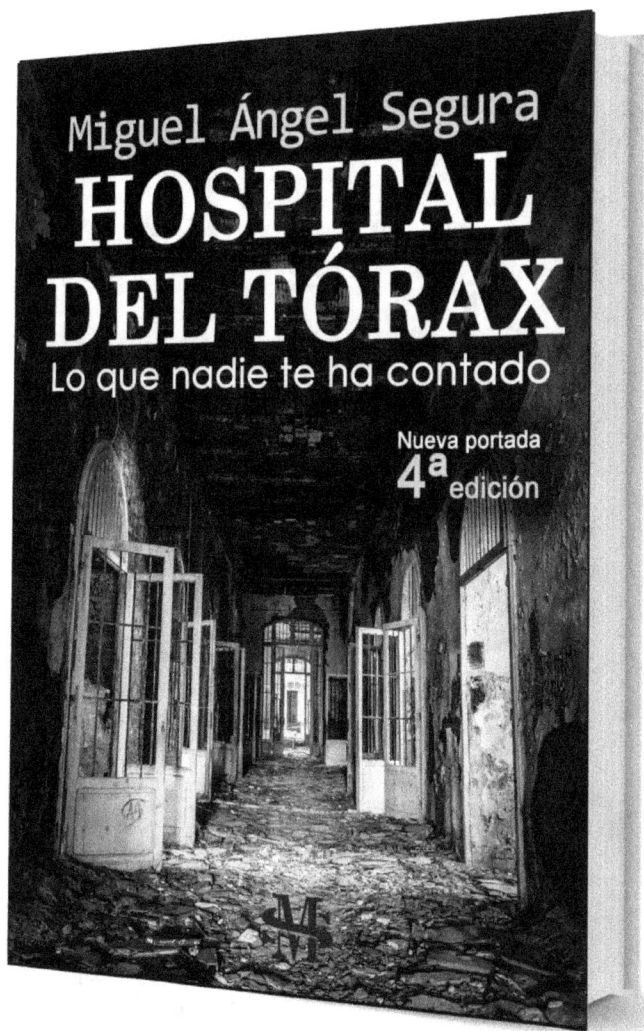

HOSPITAL
DEL TORAX
EXORCISMOS EN EL SANATORIO
Colección Hospital del Tórax 1
MIGUEL ÁNGEL SEGURA

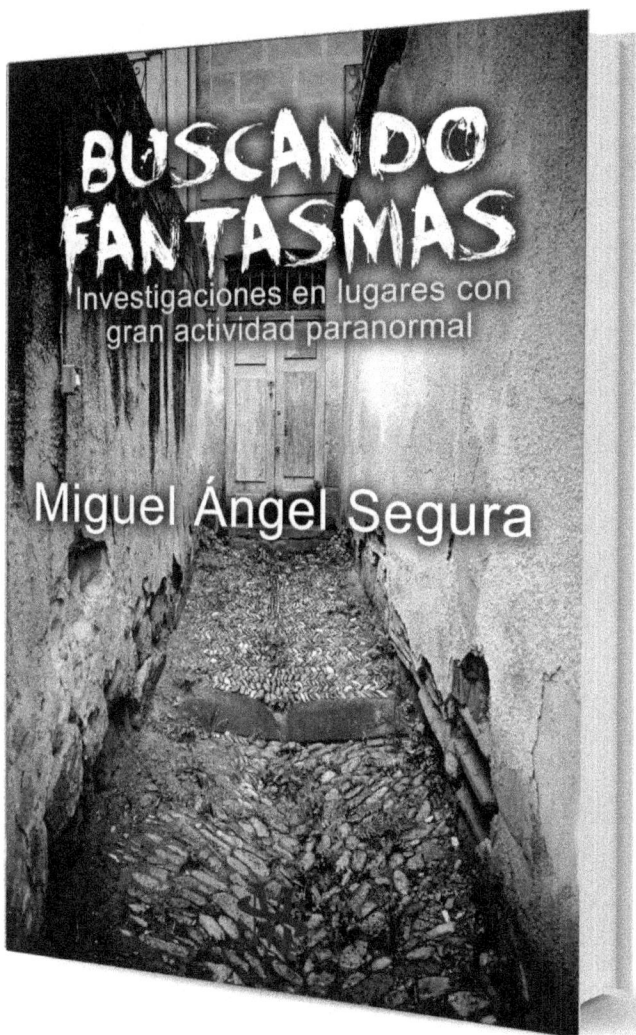

MIGUEL ÁNGEL SEGURA

OUIJA

¿Quieres saberlo todo sobre la Ouija?

ÍNDICE